NEAPEL

und die Amalfiküste

Das Kochbuch

PHAIDON

Amalfi

FRUCHTBARES LAND

Kaum eine italienische Landschaft bietet mehr Abwechslung als Kampanien, das sich rund um den Golf von Neapel im Tyrrhenischen Meer erstreckt. Von den Hügeln und Weinbergen der Provinzen Avellino und Benevento über die Ebenen von Caserta bis hin zu den reizvollen, prächtigen Inseln, dramatischen Felsen und malerischen Stränden der Amalfiküste oder dem geschäftigen kulturellen Zentrum Neapel wartet Kampanien mit jeder Menge kulinarischen Höhepunkten auf. Die Römer tauften die Region *campania felix,* „glückliche Landschaft" – ein trefflicher Name.

Seite 4: Die Amalfiküste ist berühmt für ihre Zitronen mit geschützter geografischer Angabe, die die Luft mit ihrem verführerischen Duft erfüllen.

Seite 6–7: Die schroffen, steil ins Meer abfallenden Felsen der Amalfiküste lassen sich am besten von einem Boot aus bewundern.

Der große Reichtum an Bauten, mittelalterlichen Städten, königlichen Schlössern und Festungen oder Monumenten zeugt von der wechselvollen, langen Geschichte der Region Kampanien. Die Griechen gründeten bereits 800 v. Chr. mehrere Siedlungen entlang der Handelsroute an der Küste. Die Etrusker wiederum ließen sich in den Hügel- und Weidelandschaften im Hinterland nieder. In mehreren Kriegen, insbesondere um die Herrschaft über den Gebirgszug Apennin, wurden die Samniten von den Römern aus Kampanien vertrieben. Die Römer gründeten während der Römischen Republik Siedlungen und bauten blühende urbane Zentren auf, die schließlich an das Byzantinische Reich übergingen und dann unter die Herrschaft der Langobarden gelangten, die prächtige Paläste und Kirchen errichteten, die heute noch zu bestaunen sind. Neapel kam schließlich unter spanische Herrschaft, in dieser Zeit entwickelte sich die Stadt zu einem der wichtigsten Zentren Europas. Infolge des Österreichisch-Neapolitanischen Krieges 1815 wurden Sizilien und Neapel 1816 erneut zum „Königreich beider Sizilien" vereint, und die Zeit bis zur Einigung Italiens 1870 gilt als kulturelle Blütezeit.

Der italienische Einigungsprozess (Risorgimento) erwies sich wegen der hohen Besteuerung als Belastung für die wirtschaftliche Entwicklung Kampaniens. Die

Leuchtend rote Peperoni an einem Straßenstand bei Maiori.

Ein Baum in einem Terrassengarten in der Nähe von Ravello.

Bombenangriffe während des Zweiten Weltkrieges hinterließen in Neapel und der Küstenregion große Schäden, von denen sich Kampanien nur langsam erholte. Ein wichtiges Standbein bildet heute der Tourismus.

Von fast jedem Ausblick in Kampanien ist im Hintergrund der ruhende Vesuv zu erkennen. Seine majestätische Erhabenheit darf aber nicht darüber hinwegtäuschen, dass er aufgrund der nahe liegenden dicht besiedelten Gebiete als gefährlichster aktiver Vulkan der Welt gilt. Der gewaltige Ausbruch im Jahr 79 n. Chr. begrub die beiden prosperierenden römischen Städte Pompeji und Herculaneum unter tödlichen Asche- und Lavamassen. Heute können wir anhand dieser wichtigen archäologischen Stätten das Alltagsleben in der Antike nachvollziehen. Gleichzeitig sorgt der Vesuv für fruchtbare, mineralienreiche Böden, auf denen allerlei Obst und Gemüse wie Artischocken, Zucchini, Auberginen und *friarielli* (ähnlich wie Stangenkohl) gedeihen. Vielleicht am bekanntesten ist Kampanien für die fabelhaften San-Marzano-Tomaten, die als die einzig wahren und besten Tomaten für eine echte Neapolitaner Pizza gelten, und für seine wunderbaren Aprikosen, die an den Hängen des mächtigen Vulkans gedeihen.

Die kühlere Luft vom Gebirgszug des Apennins und der fruchtbare Vulkanboden schaffen ganz besondere Bedingungen für den Weinanbau, und die Region Kampanien bringt einige hervorragende Weine mit DOCG-Status (kontrollierte und garantierte Herkunftsbezeichnung) hervor, insbesondere aus Avellino, wie der tiefrote Taurasi oder der legendäre Fiano di Avellino, der aus der alten Rebsorte Fiano gekeltert wird. Aus dem Cilento, Salerno und Sorrent kommen ausgezeichnete Weine mit DOC-Bezeichnung (kontrollierte Herkunft).

Seite 12–13:
Stände mit frischem Obst und Gemüse findet man überall in Neapel.

Diese regionalen Spezialitäten sind nicht nur den idealen Klimabedingungen, sondern auch der besonderen

dal 1897
PPERIA
ICA SEDE
PERIA
€1,00
1,60
€1,00
1,50
€2,10
180
€2,00
€2,10
180
1,60
Melinda
Melinda

CENT
€1.60
€0.80
2.00
€0.80
4.00
€1.40
€1.00
€1.20
€1.60
Chiquita
Just Smile!

geografischen Lage der Provinzen zu verdanken. Für die Inlandsprovinzen Avellino, Benevento und Caserta sind grüne Hügellandschaften mit weiten Ebenen und Wäldern charakteristisch. Hier, in gewisser Distanz zum Meer, wird Schweinefleisch, insbesondere der seltenen Casertano-Rasse aus Caserta, und Lammfleisch bevorzugt. Lokal geerntete Haselnüsse und Maronen werden in vielen süßen wie herzhaften Speisen verwertet. Typisch sind auch Frischkäsesorten wie Caciocavallo und *caciorícotta* und natürlich der weltberühmte DOC-Büffelmozzarella, der aus der Milch der wertvollen Caserta-Wasserbüffel gewonnen wird.

Die Küche der malerischen Amalfiküste mit ihren steil in den Golf von Neapel abfallenden schroffen Felsen und den kleinen, geschäftigen Häfen basiert im Wesentlichen auf Fisch und Meeresfrüchten. Oft sind die Gerichte ganz einfache Zubereitungen, in denen das frische, reine Aroma der Zutaten besonders zur Geltung kommt. Die Küste ist bekannt für ihre alten, traditionellen Fischfangtechniken, die insbesondere für den Fang und die Konservierung von Sardellen geeignet sind. Überhaupt sind Sardellen eine unverzichtbare Zutat der kampanischen Küche. Stolz ist man in Kampanien auch auf seine Zitronen mit geschützter geografischer Angabe, deren wunderbarer Duft die Luft erfüllt: die *limone Costa d'Amalfi*, die direkt an der Amalfiküste angebaut wird und auch *sfusato amalfitano* genannt wird, und die *limone di Sorrento* oder *ovale di Sorrento*. Beide Sorten sind unglaublich aromatisch, haben eine leuchtend sonnengelbe Schale und sind größer als andere Zitronensorten. Vielen gelten sie als die einzig zulässigen Zitronen, die für den Zitronenlikör Limoncello verwendet werden dürfen, in dem die wunderbaren Aromen des Sommers an der Amalfiküste eingefangen sind.

Das quirlige, brodelnde Neapel ist die drittgrößte Stadt Italiens und die Hauptstadt der Region Kampanien. Hier wurde nicht nur die Espressomaschine, sondern auch die Pizza erfunden. Neapels inniges Verhältnis zu Pizza ist nur schwer nachzuvollziehen. Die Stadt nimmt

Eine Pizza frisch aus dem Holzofen in der Antica Pizzeria dal Presidente in Neapel.

Seite 16:
In den schmalen Gassen von Cusano Mutri findet man viele ruhige Ecken wie diese.

Seite 17:
An den terrassierten Hängen, die sich bis ins Mittelmeer ergießen, werden häufig Zitronen angebaut.

Antica Pizzeria
Dal Presidente

ihre Kreation sehr ernst in Gestalt der Associazione Verace Pizza Napoletana, einem Verband zum Schutz und zur Bewahrung der berühmtesten kulinarischen Erfindung Neapels. Außen knusprig mit einer dicken Kruste, innen weich und saftig – Pizzas mit einer Sauce aus San-Marzano-Tomaten und einem Belag Büffelmozzarella gibt es in ganz Kampanien an nahezu jeder Straßenecke.

Die Straßen von Vietri sul Mare führen steil nach oben.

Neapel ist legendär für sein Feingebäck, wie man an den wunderbaren Spezialitäten, insbesondere zu Weihnachten und anderen Feiertagen, erkennen kann, deren Zubereitung meist recht zeit- und/oder arbeitsintensiv ist. Die Geschichte religiöser Süßspeisen ist lang und überaus bedeutsam für das kulinarische Erbe Neapels und reicht von den frittierten Zeppole, die zum Fest des heiligen Josefs zubereitet werden, bis hin zur *pastiera napoletana*, der traditionellen Ostertorte aus Mürbeteig mit einer cremigen Füllung. Die Neapolitaner Küche hat eine Tendenz zum Dramatischen, was die glorreiche Geschichte der Stadt nur allzu gut widerspiegelt und sich an historischen Gerichten wie *sartù*, eine Art Nudelauflauf mit französischem Einfluss, dem Schmalgebäck *struffoli*, das besonders zu Weihnachten zubereitet wird, rumgetränkten *babas* oder den feinblättrigen gefüllten *sfogliatelle* ablesen lässt.

Die wechselvolle Geschichte Kampaniens hat zusammen mit der abwechslungsreichen Küsten- und Berglandschaft eine einmalige Kulturregion geschaffen. Kampanien ist mit seinen vielen kulinarischen Spezialitäten und Produkten, den herrlichen Landschaften und einigen UNESCO-Kulturstätten geradezu ein Paradies für Touristen. *Campania felix* ist nicht entstanden aus dem fruchtbaren Vulkanboden des Vesuvs, sondern auch durch eine perfekte Verbindung aus kulinarischer Kunst, atemberaubender Natur und urbaner Zivilisation.

Seite 20–21:
Der schlummernde Vesuv bereichert den Boden der Region mit Mineralien, Kalkrückständen und vulkanischem Sediment.

Chiesa
S.Giovanni
Informagiovani
ITTICI
BACCALÀ
& AFFINI

FESTE UND MÄRKTE

Zitronen-Granita kann man an vielen Straßenständen entlang der ganzen Amalfiküste probieren.

Es gibt keinen besseren Weg zur kulinarischen Erkundung der Region Kampanien als der Besuch einer *sagra* (ursprünglich: Kirchweih). *Sagre* waren religiöse Feste der Kirchengemeinden, und auch wenn viele *sagre* sich immer noch am katholischen Kirchenkalender orientieren, sind die meisten heute Lebensmittelmärkte und -feste. Natürlich gibt es noch *sagre*, die neben dem kulinarischen Aspekt auch noch einen religiösen Hintergrund haben, wie das Namensfest des heiligen Josef.

Einige *sagre* drehen sich um ein bestimmtes Produkt, das es in ganz Kampanien gibt, wie die Aubergine oder die berühmteste Neapolitaner Erfindung, die Pizza, während andere schon recht speziell sind, wie das Fest der Fusilli-Pasta oder des Blaubarschs. Auf den Festen kann man auch den großen Gemeinschaftssinn der Italiener und ihre Tradition, sich zum Essen zu versammeln, erleben. Die Feste und Märkte finden häufig auf dem zentralen Platz in der Stadt statt.

Bei den kampanischen Festen werden die Weinlese oder verschiedenste DOC-Weine, Zitronen, Olivenöl und Frischkäse wie Caciocavallo, Mozzarella di Bufala oder Fior di Latte gefeiert, die allesamt eine wichtige Rolle in der Küche Kampaniens spielen. An der Küste singt man ein Loblied auf den Reichtum des Meeres mit seinem fangfrischen Fisch und seinen Meeresfrüchten, im bergigen Hinterland auf Schweinefleisch. Die perfekte Verbindung aus Klima und mineralienreichem vulkanischem Boden schaffen beste Bedingungen für den Anbau von Obst und Gemüse wie Aprikosen, Kirschen, Artischocken, Tomaten oder Maronen. So sind *sagre* immer auch die Gelegenheit, die Ernte eines Jahres zu probieren und zu genießen, bevor man sich bis zum nächsten Jahr gedulden muss.

Eine Liste mit bekannten Märkten und Festen in Kampanien finden Sie auf den folgenden Seiten.

Seite 26–27:
Sonnenblumenfeld in der Provinz Benevento.

FESTE UND MÄRKTE

JANUAR

O cippo di Sant'Antonio | Fest des heiligen Antonius, Neapel

La ruzzola del formaggio | Käseroll-Fest, Pontelandolfo, Benevento

MÄRZ

Festa di San Giuseppe | Fest des heiligen Josef, ganz Kampanien

Disfida del soffritto di maiale | Schweinesuppen-Fest, Irpino, Avellino

APRIL

Festa carciofi | Artischockenfest, Paestum, Salerno

MAI

Wine and the city | Wine and the City, Neapel

Le strade della mozzarella | Mozzarella-Straßen, Paestum, Salerno

JUNI

Vinischia | Vinischia, Ischia, Neapel

Festa della pizza | Pizza-Fest, Montoro Superiore, Avellino

Sagra dell'albicocca | Aprikosen-Fest, Sant'anastasia, Neapel

Sagra del pesce fritto | Frittierfisch-Fest, Castellammare Di Stabia, Neapel

Sagra della ciliegia | Kirschen-Fest, Forchia, Benevento

Sagra del fusillo | Fusilli-Fest, Nocera Inferiore, Salerno

Sagra degli gnocchi | Gnocchi-Fest, Pantuliano, Caserta

JULI

Sagra del tonno | Thunfisch-Fest, Cetara, Salerno

Sagra del limone | Zitronen-Fest, Massa Lubrense, Neapel

Sagra dei fusilli e del pecorino | Fusilli-und-Pecorino-Fest, Ceppaloni, Benevento

Sagra del pomodorino | Tomaten-Fest, Corbara, Salerno

Sagra del peperone ripieno | Fest der gefüllten Paprika, San Martino Sannita, Benevento

AUGUST

Sagra del prosciutto e dei fichi | Prosciutto-Feigen-Fest, Castel San Giorgio, Salerno

Festa del grano | Getreideernte-Fest, Foglianise, Benevento

Sagra del pesce azzurro | Blaubarsch-Fest, Atrani und Sapri, Salerno

Sagra delle melanzane al cassone | Auberginen-Fest, Montesarchio, Benevento

Sagra dei cicatielli e del pane di montecalvo | Cicatielli-und-Montecalvo-Brot-Fest, Irpinia, Avellino

Sagra della mozzarella ind'à murtedda | Mozzarella-Fest, Velia, Salerno

Fiordilatte fiordifesta | Fest des Fior di Latte, Agerola, Salerno

Sagra della sfogliatella di Santa Rosa | Fest der Sfogliatella aus Santa Rosa, Conca dei Marini, Salerno

Sagra del fusillo e della braciola | Fusilli-Braciole-Fest, Pietradefusi, Avellino

Sagra del mare Flegrea | Meeres-Fest, Procida, Neapel

Festa della melanzana alla cioccolata | Schokoladen-Auberginen-Fest, Maiori, Salerno

SEPTEMBER

Sagra del fungo porcino | Steinpilz-Fest, Montoro Superiore, Avellino

Gusta Minori | Der Geschmack von Minori, Minori, Salerno

Settembrata Anacaprese | Weinlesefest, Fest in Anacapri, Capri, Neapel

Sagra dell'uva | Trauben-Fest, Capri, Neapel

Pizzafest | Pizza-Fest, Fuorigrotta, Neapel

Napoli pizza village | Pizza Village Neapel, Neapel

Sagra del fico d'india | Birnen-Fest, Castel Morrone, Caserta

Sagra del caciocavallo | Caciocavallo-Fest, Castelfranco in Miscano, Benevento

Festa della vendemmia | Weinlese-Fest, Tramonti, Salerno

Festa del pesce | Fisch-Fest, Positano, Salerno

OKTOBER

Festa della castagne | Maronen-Fest, Scala, Salerno

Sagra dell'olio d'oliva | Olivenöl-Fest, Cervino, Caserta

Sagra del tartufo e della castagna | Fest der schwarzen Trüffel und Maronen, Irpinia, Avellino

NOVEMBER

Festa di Sant'Antonio | Fest des heiligen Antonius, Amalfi, Salerno

Il mosto che diventa vino | Most-Fest, Tramonti, Salerno

DEZEMBER

Sagra della salsiccia e ceppone | Fest der Salsiccia und Leuchtfeuer, Sorrento, Neapel

Festa del Torrone | Torrone-Fest, San Marco dei Cavoti, Benevento

Sagra della scarpegghia | Scarpegghia-Fest, Calitri, Avellino

Sagra della zeppola | Zeppola-Fest, Positano, Salerno

LA VITA È TROPPO

I

NEAPEL

NEAPEL

Die Gegend direkt am Golf von Neapel ist die am dichtesten besiedelte Region Kampaniens mit dem lebendigen, pulsierenden Zentrum Neapel, das sich von der Bucht landeinwärts in die steilen Hügel der Umgebung erstreckt. Die drittgrößte Stadt Italiens und Hauptstadt der Region Kampanien ist eine Stadt der Gegensätze und wartet mit einem Gewirr aus alten, von den Römern angelegten Straßen im Zentrum mit teilweise chaotischem Verkehr, vielen berühmten, anerkannten Institutionen und großartiger Architektur auf. Bis zur Einigung Italiens im 19. Jahrhundert war Neapel der Mittelpunkt des kulturellen Lebens in Süditalien, dann verlagerte sich der Wohlstand aber in Richtung der norditalienischen Industriestädte, und Neapel verlor an Bedeutung und Einfluss.

Seite 28:
Die Kirche Gesù Nuovo wurde 1470 ursprünglich als Palast für Roberto Sanseverino, Fürst von Salerno, errichtet, später, in den 1580er-Jahren aber an die Jesuiten veräußert.

Heute ist Neapel eine pulsierende Stadt, die am besten zu Fuß entdeckt werden will – von den *quartieri spagnoli*, den Spanischen Vierteln, um einen Eindruck vom historischen Neapel zu bekommen, über die architektonischen Highlights wie die Piazza del Plebiscito, dem schönsten, prachtvollsten Platz in Neapel mit einer neoklassizistischen Basilika, die das Herz des alten Neapels bildet, bis hin zum imposanten Castel Nuovo, auch als Maschio Angionini bekannt.

Mit einer langen griechischen und römischen Vergangenheit, ist Neapel voller Geschichte und Geschichten. So wird zum Beispiel berichtet, dass Virgil zum Schutz des Castell dell'Ovo („Eierfestung“), ein Ei in das Fundament der Befestigung legte, um es zu schützen. Das alte Kastell (bis ins 20. Jahrhundert auch Königsresidenz) ist das Wahrzeichen der Stadt vom Wasser aus.

Das Land rund um Neapel ist sehr fruchtbar. Doch bleibt der schlummernde Vesuv östlich der Millionenstadt eine ständige Bedrohung. Pompeji und Herculaneum vermitteln einen hervorragenden Eindruck, wie der römische Alltag aussah, als der Vesuv im Jahr 79

Eine bunte Auswahl an Fischen und Meeresfrüchten an einem Stand auf dem Fischmarkt.

Alberto

Sonnenuntergang am Golf von Neapel.

ausbrach und seine Lava, Asche und giftigen Dämpfe über Mensch und Tier brachte und alles Leben vernichtete. Die Städte wurden darunter begraben, fossillisiert und so für die Nachwelt erhalten. Die Insel Ischia und die Phlegrarischen Felder können ebenfalls als Tagestour von Neapel aus besichtigt werden. Der Vesuv hat ideale Bedingungen für den Weinanbau (mit vielen hochwertigen DOC-Weinen) sowie für den Obst- und Gemüseanbau, beispielsweise für San-Marzano-Tomaten und die aromatischen Vesuvaprikosen, geschaffen.

Ebenfalls zur Region Neapel gehört die kleine, aber feine Ferieninsel Capri mit ihren vielen Grotten, Villen und Terrassengärten. Die magische Schönheit der Blauen Grotte, eine azurblaue Wasserhöhle (und Tempel zu römischen Zeiten) ist eine beliebte Touristenattraktion. Capris dramatische Kalksteinklippen fallen steil ab in ein unglaublich klares, türkisblaues Meer.

Am südlichen Ende des Golfs von Neapel liegt Sorrent (italienisch: Sorrento), das als Tor zur Amalfiküste gilt. Von Sorrent bietet sich ein atemberaubender, unverbauter Blick auf Capri, Neapel und den Vesuv. Umgeben vom leuchtenden Gelb der Zitronenbäume und Terrassengärten auf steilen Felsen bietet Sorrent die Kulisse, vor der einer Überlieferung zufolge die Sirenen mit ihrem Gesang in Homers *Odyssee* Seeleute in den Tod trieben. Sorrent ist berühmt für seine Zitronen mit geschützter geografischer Angabe IGP, nämlich die Sorte *limone di Sorrento* oder *ovale di Sorrento*, deren wunderbar lieblicher Duft überall in der Luft liegt.

In der Provinz Neapel wird die regionale Küche hochgehalten. Die Stadt Neapel gilt als Heimat von Pizza, *ragù*, Vesuvtomaten und Limoncello, und die Leidenschaft und die Beiträge von Bella Napoli zur Kunst des Genießens sind fast konkurrenzlos. So ist Neapel auch Geburtsort der originalen Espressomaschine oder besonderen Feingebäcks und Kuchen wie *babà*, *pastiera*, *sfogliatella* oder *struffoli*.

Seite 34–35:
Der Obelisk des heiligen Dominikus aus dem 18. Jahrhundert erhebt sich in der Mitte der Piazza San Domenico Maggiore.

B. MARGARITA

SALSA GENOVESE

Nicht zu verwechseln mit Genoveser Pesto! Diese berühmte Pastasauce aus Neapel muss lange geschmort werden und wird meistens mit Ziti serviert, da die langen Röhrennudeln die Sauce besonders gut aufnehmen können. *Salsa genovese* kann aber auch mit anderen, kürzeren Röhrennudeln wie Penne serviert werden.

Vorbereitungszeit: 20 Minuten
Kochzeit: 2 Stunden 30 Minuten
Für 6 Personen

Öl, Schmalz und Prosciutto in einem Topf erhitzen. Zwiebeln, Sellerie und Karotte zufügen und 10 Minuten unter Rühren dünsten. Das Rindfleisch hineingeben. Den Deckel aufsetzen und bei niedriger Hitze mindestens 1 Stunde garen. Die Hitze erhöhen und das Fleisch anbraten. Salzen und pfeffern. Mit der Hälfte des Weines ablöschen und einkochen lassen. Den restlichen Wein zugießen und ebenfalls verkochen lassen.

Das Tomatenmark mit ein paar Löffeln heißem Wasser anrühren und in den Topf gießen. Den Bratensatz unter Rühren lösen und eine weitere Stunde garen. Dabei bei Bedarf etwas heißes Wasser zugießen, bis das Gemüse dunkel glänzt und die Sauce schön eingedickt ist. Das Fleisch aus dem Topf nehmen und für den Hauptgang beiseitelegen. Die Sauce unter Pasta heben und als ersten Gang servieren.

Genoveser Sauce

- 75 ml Olivenöl
- 70 g Schmalz oder Butter
- 100 g Prosciutto, klein gewürfelt
- 2 kg Zwiebeln, in feinen Streifen
- 1 Stange Sellerie, gewürfelt
- 1 Karotte, gewürfelt
- 1 kg Rinderbraten aus der Oberschale, gebunden
- Salz und Pfeffer
- 200 ml Rotwein
- 1 TL Tomatenmark

GONFIETTI

Sardellenkrapfen

- 1 Päckchen Trockenbackhefe
- 75 ml lauwarmes Wasser
- 1 Prise Zucker
- 250 g Weizenmehl
- 1 EL Olivenöl
- 100 g Sardellenfilets
- 75 ml Erdnuss- oder Rapsöl, zum Ausbacken
- Zitronenspalten, zum Garnieren

Vorbereitungszeit: 20 Minuten + 1 Stunde 15 Minuten Gehzeit
Kochzeit: 30 Minuten
Ergibt 16–20 Stück

Die Hefe mit Wasser und Zucker in einer Schüssel anrühren und 15 Minuten quellen lassen.

Mehl und Olivenöl zugeben und etwa 2 Minuten kneten, bis ein glatter, elastischer Teig entstanden ist. Abgedeckt an einem warmen Ort 1 Stunde gehen lassen.

Die Sardellenfilets auf letzte Gräten überprüfen und fein hacken. Die Sardellen in den Teig einarbeiten und diesen auf einer bemehlten Arbeitsfläche etwa 6 mm dick ausrollen, dann 6 cm große Kreise ausstechen. Teigreste zusammenkneten, erneut ausrollen und weitere Kreise ausstechen.

Das Öl in einer hohen Pfanne (30 cm Durchmesser) auf etwa 180 °C erhitzen. Die Hälfte der Teigkreise darin etwa 1–1½ Minuten von jeder Seite goldbraun ausbacken. Auf Küchenpapier abtropfen lassen. Falls nötig noch etwas Öl in die Pfanne gießen und erhitzen. Die restlichen *gonfietti* ebenso ausbacken. Sofort mit Zitronenspalten servieren.

PIZZELLE FRITTE

Vorbereitungszeit: 15 Minuten + 2 Stunden Gehzeit
Kochzeit: 30 Minuten
Ergibt 16 Stück

Für den Teig die Hefe mit Wasser und Salz in einer großen Schüssel verrühren. Mehl und Olivenöl zufügen und alles 1–2 Minuten zu einem glatten Teig kneten. Den Teig zu einer Kugel formen. Die Schüssel mit einem Tuch abdecken und den Teig an einem warmen Ort 1 Stunde gehen lassen. Den Teig kurz durchkneten und 1 weitere Stunde gehen lassen, bis das Teigvolumen sich verdoppelt hat.

Den Teig in 16 Portionen teilen und zu Kugeln formen. Zu etwa 7,5 cm langen und 2,5 cm dicken Ovalen ausziehen.

Das Olivenöl in einer großen Pfanne (30 cm Durchmesser) erhitzen. Die *pizelle* darin portionsweise von beiden Seiten 2–3 Minuten goldbraun braten. Mit den restlichen Teigfladen ebenso verfahren. Dabei eventuell noch etwas Öl zugießen und erhitzen. Die *pizelle* mit einem Schaumlöffel aus der Pfanne heben und auf Küchenpapier abtropfen lassen.

Die *pizelle* auf einer Servierplatte anrichten und mit je 1 Esslöffel Tomatensauce, etwa 1 Teelöffel Parmesan und 1–2 Basilikumblättern garnieren. Sofort servieren.

Kleine Pfannenpizzas

Für den Teig

- 1 Päckchen Trockenbackhefe
- 300 ml lauwarmes Wasser
- 1 Prise Salz
- 500 g Weizenmehl
- 1 EL Olivenöl

Zum Ausbacken und Servieren

- 60 ml Olivenöl, zum Braten
- 250 ml Tomatensauce (siehe Seite 60)
- frisch geriebener Parmesan
- Basilikumblätter, zum Garnieren

TIMPANO DI RIGATONI IN PIEDI

Rigatoni-Torte

Für die Fleischsauce:

- 50 ml Olivenöl
- 1 kleine Zwiebel, in feinen Streifen
- 500 g mageres Rinderhackfleisch
- 830 ml Tomatensauce (siehe Seite 60)
- Salz und Pfeffer

Für den Teig:

- 450 g Weizenmehl
- 180 g weiche Butter, gewürfelt
- 175 ml lauwarmes Wasser
- 1 Prise Salz

Für Rigatoni und Füllung:

- 300 g Rigatoni
- 200 g Ricotta
- 250 g Fior di Latte oder frischer Mozzarella, gewürfelt

Vorbereitungszeit: 45 Minuten + 30 Minuten Gehzeit
Kochzeit: 3 Stunden 50 Minuten
Für 8–10 Personen

Für die Fleischsauce das Olivenöl in einem Topf erhitzen. Die Zwiebel darin etwa 3 Minuten andünsten. Das Hackfleisch zugeben und 3–5 Minuten braten, bis es nicht mehr rosa ist, dabei größere Klumpen mit einem Holzlöffel zerdrücken. Die Tomatensauce zufügen und zum Kochen bringen. Dann die Hitze reduzieren und die Sauce bei niedrigster Hitze 3 Stunden unter gelegentlichem Rühren garen. Mit Salz und Pfeffer abschmecken.

Inzwischen für den Teig das Mehl auf eine Arbeitsfläche häufen und eine Vertiefung in die Mitte drücken. Butter, Wasser und Salz hineingeben und alles rasch zu einem glatten Teig kneten. Gegebenenfalls noch etwas Wasser einarbeiten. In Frischhaltefolie eingeschlagen 30 Minuten im Kühlschrank ruhen lassen.

Für die Rigatoni die Pasta in einem großen Topf mit Salzwasser bissfest garen. Abgießen und die Pasta abtropfen lassen.

Inzwischen für die Füllung Ricotta und Fior di Latte mit 120 ml Fleischsauce verrühren.

Ein Viertel des Teigs abnehmen und beiseitelegen. Den restlichen Teig auf einer leicht bemehlten Arbeitsfläche zu einem Rechteck ausrollen. Das Rechteck aufrollen, flach drücken und erneut ausrollen, um Boden und Rand einer Auflauf- oder Springform (22 cm Durchmesser, 10 cm Höhe) vollständig damit auszukleiden.

Den Backofen auf 200 °C vorheizen. Die Form dünn einfetten.

Für den timpano*:*

- 100 g Kochschinken, in feinen Scheiben
- 150 g Fior di Latte, in feinen Scheiben
- 2 EL frisch geriebener Parmesan

Für den *timpano* jede Rigatoni mit der Ricottamischung füllen. Die Hälfte der gefüllten Rigatoni senkrecht kreisförmig von außen nach innen dicht an dicht in die mit Teig ausgekleidete Form setzen. Mit je der Hälfte von Kochschinken und dann von Fior-di-Latte-Scheiben und Parmesan bedecken. Mit den restlichen Rigatoni, Fior-di-Latte-Scheiben und Parmesan wiederholen. Mit der Fleischsauce überziehen und glatt streichen.

Den restlichen Teig passend kreisrund ausrollen und als Deckel auf die Füllung setzen. Am Rand gut andrücken, damit keine Füllung austreten kann. Im vorgeheizten Ofen 40 Minuten backen. Den Ofen ausschalten und den *timpano* weitere 10 Minuten darin stehen lassen. Aus der Form lösen und sofort servieren.

RAGÙ

Seite 45:
Neapolitaner beim Angeln in einem der vielen Hafenbecken der Stadt.

Ragù ist eine wundervolle aromatische Tomatensauce mit Fleisch, die häufig zu Pasta serviert wird. Die sättigende Sauce sollte mehrere Stunden geschmort werden, damit sie ihre herrlichen Aromen voll entwickeln kann. Die meisten Familien in Kampanien haben ihr eigenes traditionelles Rezept. Dafür werden gerne größere Fleischstücke wie Schweine- oder Rinderrippchen oder Bratenstücke aus der Schulter mitgeschmort, die dann aus der Sauce genommen und als Hauptgang oder zu Pasta und Sauce gereicht werden.

Manchmal werden auch regionale Würste in der Sauce gegart. Die bekannteste Version von *ragù* ist natürlich die mit gemischtem oder Rinderhackfleisch: *ragù bolognese*. Für *ragù alla napoletana* werden wesentlich mehr Zwiebeln mit Knoblauch, Tomaten und einem ganzen Stück Fleisch zu einer Sauce verarbeitet. Verfeinert wird das Ganze mit Rotwein, Olivenöl und Basilikum. Während ein *ragù bolognese* eine eher minimalistische Sauce ohne jede Kräuter ist, kann ein *ragù napolitana* mit diversen anderen Zutaten wie Pinienkernen und Rosinen geschmacklich variiert und überdies auch mit Milch oder Sahne verfeinert werden.

Wahrscheinlich hat sich das neapolitanische *ragù* im späten 18. Jahrhunderts aus den französischen *ragoûts* aus der Emilia-Romagna entwickelt. Zumindest wurde das erste *ragù*-Rezept um diese Zeit von Alberto Alvisi aufgezeichnet. In Kochbüchern aus der Emilia-Romagna taucht *ragù* in der Mitte des 19. Jahrhunderts auf, und gegen Ende des 19. Jahrhundert dann wurde *ragù* in wohlhabenden Familien schon traditionell an Weihnachten, zu wichtigen Anlässen oder als Sonntagsessen serviert. Mit den ersten italienischen Gastarbeitern in der Wirtschaftswunderzeit und der wachsenden Beliebtheit Italien als Reiseziel wurde zumindest die Bologneser Version auch hierzulande bekannt und erfreut sich seitdem größter Beliebtheit.

Ragù ist bei vielen Neapolitaner Familien ein traditionelles Sonntagsessen. Dann sind die Straßen der Stadt erfüllt von einem wunderbaren Duft. Die Sauce wird für Pasta verwendet, während das Fleisch als Hauptgang serviert wird.

SARTÙ DI RISO AL RAGÙ

Reis-Timbale mit Fleischsauce

Vorbereitungszeit: 2 Stunden
Kochzeit: 2 Stunden
Für 12 Personen

Für die Fleischsauce:

- 4 EL Olivenöl
- 1 Zwiebel, gehackt
- 2 Stangen Sellerie, gehackt
- 2 Karotten, gehackt
- 100 g Prosciutto, gehackt
- 600 g Kalbshackfleisch
- 120 ml trockener Weißwein
- 2 EL Tomatenmark
- 175–250 ml Rinderbrühe
- Salz und Pfeffer

Für die Fleischbällchen:

- 1 Scheibe altbackenes Weißbrot
- 100 g Kalbshackfleisch
- 1 Eigelb
- ½ TL frisch gehackte Petersilie
- 1 Prise Salz
- 120 ml Olivenöl

Für das Risotto:

- 4 EL Butter
- 750 g Arborio- oder Carnaroli-Reis
- 900 ml Hühnerbrühe
- 120 ml trockener Weißwein
- Salz und Pfeffer
- 80 g Parmesan, gerieben
- 3 Eier

Für die Fleischsauce das Olivenöl in einer mittleren Pfanne auf mittlerer bis starker Stufe erhitzen. Die Hitze auf niedrige Stufe reduzieren, dann Zwiebel, Sellerie, Karotten und Prosciutto zufügen und 2–3 Minuten dünsten. Das Hackfleisch zugeben und die Hitze wieder auf mittlere bis starke Stufe erhöhen. Das Hackfleisch 3 Minuten braten. Mit dem Wein ablöschen und unter Rühren kochen. Das Tomatenmark mit etwas Wasser anrühren und in die Pfanne geben. So viel Brühe zugießen, dass das Fleisch bedeckt ist. Salzen und pfeffern. Bei aufgesetztem Deckel etwa 1 Stunde unter gelegentlichem Rühren schmoren. Bei Bedarf mehr Brühe zufügen. Die Sauce sollte am Ende sämig und dickflüssig sein. Mit Salz und Pfeffer abschmecken.

Für die Fleischbällchen das Brot in Wasser einweichen, ausdrücken und in eine Schüssel geben. Hackfleisch, Eigelb, Petersilie und Salz zufügen, gründlich vermengen und zu etwa haselnussgroßen Kugeln formen.

Eine große Pfanne auf mittlerer bis starker Stufe erhitzen. Das Öl zugießen. Wenn es heiß ist, die Fleischbällchen darin 2 Minuten braten, wenden und etwa 1 Minute braten. Die Fleischbällchen auf einem mit Küchenpapier ausgelegten Teller abtropfen lassen.

Für das Risotto 2 Esslöffel Butter in einem großen Topf bei mittlerer bis starker Hitze zerlassen. Den Reis einrühren. Brühe und Wein zugießen. Salzen und pfeffern und zum Kochen bringen. Die Hitze reduzieren und den Reis 10–12 Minuten sanft köcheln lassen, bis er halb gar ist. Den Topf vom Herd nehmen und restliche Butter sowie Parmesan und Eier unterziehen. Mit Pfeffer würzen. Falls gewünscht, ein paar Löffel Fleischsauce unterziehen. Mit Salz und Pfeffer abschmecken.

Für die Timbale:
- 20 g getrocknete Steinpilze
- 50 g Butter
- 50 g Kochschinken, gehackt
- 2 hart gekochte Eier, gehackt
- 150 g Mozzarella, gewürfelt
- 200 g Erbsen
- 150 g milde italienische Schweinswurst, gegart und zerkrümelt
- Pfeffer
- 80 g Parmesan, gerieben
- 30–60 g Semmelbrösel

So viel Reis abnehmen und beiseitestellen, um eine Schicht der Timbale (24 cm Durchmesser) zu bilden. Mit dem restlichen Reis Boden und Rand der Springform (24 cm Durchmesser) auskleiden. Gut mit einem Löffel andrücken.

Den Backofen auf 200 °C vorheizen. Ein Backblech mit Alufolie belegen.

Für die Timbale die Pilze in einer Schale etwa 5 Minuten in heißem Wasser einweichen. Gut abtropfen lassen und hacken.

Die Hälfte der Butter in einer kleinen Pfanne bei mittlerer bis starker Hitze zerlassen. Pilze und Schinken darin etwa 5 Minuten anschwitzen.

Den Boden der mit Reis ausgekleideten Form mit hart gekochten Eiern, Mozzarella, Erbsen, Pilz-Schinken-Mischung, zerkrümelter Wurst und den Fleischbällchen bedecken. Pfeffern.

Ein Drittel der Fleischsauce abmessen und beiseitestellen. Die restliche Sauce abwechselnd mit dem Parmesan in die Form schichten. Mit dem zurückgelegten Reis bedecken und mit einem Löffel glatt streichen. Gleichmäßig mit den Semmelbröseln bestreuen und die restliche Butter in kleinen Flöckchen darauf verteilen.

Die Form auf das Backblech stellen. Die Timbale mit Alufolie bedecken und im vorgeheizten Ofen etwa 1 Stunde backen. Etwa 15 Minuten vor Ende der Garzeit die Alufolie entfernen, damit die Oberseite schön bräunt. Die Timbale aus dem Ofen nehmen und 15 Minuten ruhen lassen. Vorsichtig aus der Form lösen und auf eine vorgewärmte Platte heben. Die zurückgestellte Fleischsauce mit etwas Brühe strecken und separat dazureichen.

ALT!!! STAZIONE
MOZZARELLA.. BUFALA
RAFELE 'O LATTARO
DAL 1958
COMM'ERA 'NA VOTA!
PRODOTTI:
SLOW
FOOD
SULO A MUZZARELLA
E
BUFALA
DEGUSTAZIONE
DI FORMAGGI E SALUMI
ECCELLENZE
CAMPANE
CACIOCAVALLO "MONACIELLO"
PECORINO AL TARTUFO
PECORINO ALLE NOCI
SPECIALITA' NORCINE
PROSCIUTTO AL VINO
MORTADELLA DI CINGHIALE
SALAMINI DI CINGHIALE
PROVOLONE
MONACO
PROVOLONE
SOLO DA NOI!!!
CACIOCAVALLO
FORMAGGI SICILIANI
D.O.P.
PECORINO SICILIANO D.O.P.
RAGUSANO D.O.P.
PECORINO ALLO ZAFFERANO

REIS

Seite 51:
Ein Feinkostgeschäft mit regionalen Spezialitäten wie getrocknete Pasta, Büffelmozzarella und Provolone del Monaco.

Zwar serviert man in Süditalien im Allgemeinen lieber Pasta, doch gibt es auch ein paar regionale Spezialitäten mit Reis (*riso*). Einige traditionelle Gerichte bestehen aus Reis und diversen fangfrischen Meeresfrüchten, während bei der klassischen *sartù di riso al ragù* (Reis-Timbale mit Fleischsauce, Seite 48) eine wunderbare, komplexe Füllung aus Eiern, Schinken, Fleischbällchen, Erbsen, Pilzen, Mozzarella und traditionellem *ragù* von Reis eingehüllt wird.

Vorbild für *sartù* ist ein französisches Gericht; sein Name leitet sich vom französischen *sur tout* ab, was „auf/über allem; obendrauf" bedeutet. Das Gericht gilt als eines der ersten französisch-italienischen Fusion-Gerichte aus Neapel und kommt in zwei Versionen daher: *rosso*, die beliebtere Version mit roter Fleischsauce; und *bianco*, eine Variante ohne Sauce.

Reis sorgt in Salaten für ein nussiges, mildes Aroma, häufig auch in Kombination mit frischen Meeresfrüchten und anderen, hocharomatischen Zutaten wie Rosinen, Pinienkernen und frischen Kräutern. *Suppli di riso*, panierte und frittierte Reisbällchen, sind ein beliebtes Straßenessen, die in Geschäften und Ständen in ganz Neapel erhältlich sind. Wie Reis-Timbalen gibt es sie mit verschiedenen herzhaften Füllungen.

Je nach Gericht werden verschiedene Reissorten verwendet. Für Risotto, das in ganz Italien sehr beliebt ist, wird Rundkornreis verwendet, insbesondere die Sorte Arborio. Langkornreis eignet sich besser für Gerichte, bei denen der Reis körnig bleiben und seinen Biss behalten soll. Cremig schmelzender Rundkornreis wiederum wird für Süßspeisen verwendet.

Eine der bekanntesten Spezialitäten der Neapolitaner Küche ist ein Reisgericht: *sartù di riso*.

TIMPANO IMBOTTITO DI SCAMMARO

Nudel-Timbale mit Meeresfrüchten

Für die Pasta:
- 500 g Spaghetti
- 100 ml Olivenöl
- 1 Knoblauchzehe, abgezogen, aber im Ganzen
- 2 EL Semmelbrösel
- frisch gehackte Petersilie
- 100 g Sardellenfilets, gehackt

Für die Füllung:
- 130 ml Olivenöl
- 2 Knoblauchzehen, abgezogen, aber im Ganzen
- 150 g Pilze, in feinen Scheiben
- 1 kg Miesmuscheln
- 800 g San-Marzano-Tomaten, abgetropft, entkernt und gehackt
- 120 ml trockener Weißwein
- 5 EL Kapern, abgespült
- 100 g entsteinte schwarze Oliven, halbiert
- 450 g Erbsen
- 300 g Garnelen, ausgelöst und Darmfaden entfernt
- 200 g Babykalmar, in 2,5 cm breiten Ringen
- 2 EL frisch gehackte Petersilie
- Salz und Pfeffer

Das Gericht, das im restlichen Italien *timballo* (Timbale) genannt wird, heißt in Neapel *timpano. Timpano* bezeichnet aber auch die Form (früher aus verzinntem Gusseisen, heute aus Edelstahl), in der das auflaufartige Gericht zubereitet wird, und leitet sich von Tympanon ab, einer antiken kreisrunden Rahmentrommel. Der Namenszusatz *scammaro*, der sich auf einen fleischlosen religiösen Fastentag bezieht, weist darauf hin, dass das Gericht ohne Fleisch zubereitet wird.

Vorbereitungszeit: 1 Stunde 15 Minuten
Kochzeit: 45 Minuten
Für 6–8 Personen

Für die Pasta die Spaghetti in einem großen Topf mit ungesalzenem Wasser bissfest garen. Abtropfen lassen und beiseitestellen.

Das Olivenöl in einer großen Pfanne erhitzen. Die Knoblauchzehe darin anbräunen. Die Semmelbrösel einstreuen und etwa 3 Minuten goldbraun braten. Etwas Petersilie und die Sardellenfilets untermischen. Die Pfanne sofort vom Herd nehmen und rühren, um die Sardellenfilets zu zerdrücken. Die Knoblauchzehe entfernen. Die Spaghetti unter die Semmelbröselmischung heben. Wieder auf den Herd setzen und ein paar Minuten bei niedrigster Hitze erwärmen.

Den Backofen auf 180 °C vorheizen. Ein Backblech mit Alufolie belegen.

Für die Füllung 2 Esslöffel Öl in einer großen Pfanne erhitzen. 1 Knoblauchzehe darin bei mittlerer bis starker Hitze anbräunen. Die Pilze zufügen und etwa 5 Minuten dünsten. Die Pilze aus der Pfanne nehmen und beiseitestellen. Die Knoblauchzehe entfernen. Inzwischen die Muscheln unter fließend kaltem Wasser

Für die Form

- Olivenöl, zum Einfetten
- 30–60 g Semmelbrösel
- 1½ EL Butter oder Schmalz, gewürfelt

putzen und abbürsten. Bei Bedarf die Bärte entfernen und Muscheln aussortieren, die sich bei Draufklopfen nicht sofort schließen.

In der Pfanne, die für die Pilze verwendet wurde, 3½ Esslöffel Öl erhitzen und die zweite Knoblauchzehe anbraten. Die Muscheln zufügen, den Deckel aufsetzen und 5–6 Minuten unter gelegentlichem Pfannenrütteln garen, bis sie sich geöffnet haben. Die Pfanne vom Herd nehmen. Muscheln, die sich nicht geöffnet haben, aussortieren. Die Muscheln aus den Schalen lösen. Den Garsud in eine Schale abgießen.

Nun das restliche Öl in der Pfanne erhitzen. Gehackte Tomaten, Muschelsud und Wein darin bei mittlerer Hitze 5–7 Minuten einkochen. Die Pilze mit Kapern, Oliven und Erbsen zufügen und 2–3 Minuten erwärmen. Garnelen, Kalmare und Petersilie zugeben. Salzen und pfeffern und 2–3 Minuten garen, bis die Meeresfrüchte weich sind. Die Sauce sollte dickflüssig sein. Vom Herd nehmen und die Muscheln unterheben.

Eine Spring- oder Auflaufform (24 cm Durchmesser) großzügig mit Olivenöl einfetten und gleichmäßig mit 3 Esslöffeln Semmelbröseln ausstreuen.

Drei Viertel der Pasta in die vorbereitete Form geben, dabei ein großes Loch in der Mitte frei lassen. Mit einem Schaumlöffel die Meeresfrüchtemischung aus der Pfanne nehmen, abtropfen lassen und in die Mitte in die Form geben. Mit der restlichen Pasta bedecken. Die Oberfläche glätten und mit reichlich Semmelbröseln bestreuen. Die Butter in Flöckchen darauf verteilen. Die Form mit Alufolie abdecken und auf das vorbereitete Backblech setzen. Im vorgeheizten Ofen 30 Minuten backen. Die Alufolie entfernen und etwa 15 Minuten weiterbacken, bis die Semmelbrösel gebräunt sind. Die Timbale aus dem Ofen nehmen und 15 Minuten ruhen lassen. Mit einem Messer vom Rand der Form lösen und den Rand der Springform vorsichtig entfernen. Sofort servieren.

FRUTTA e Verdura

PASTA

Seite 57: Eine farbenfrohe Auswahl an saisonal frischem Obst und Gemüse an einem Marktstand.

Während in Norditalien weitgehend frische, selbst gemachte Pasta mit Eiern bevorzugt wird, ist Süditalien für seine Auswahl an getrockneter Pasta aus Hartweizen (Durum) bekannt, die als *maccheroni* bezeichnet werden. Zwar ist Pasta keine Erfindung aus Kampanien, doch kommen einige der besten Pastaformen und -sorten aus Kampanien.

Für die Zubereitung der Pasta wird Hartweizengrieß verwendet. Noch im 18. Jahrhundert war Pasta, die überall in Neapel zum Trocknen an Stangen hing, und Straßenhändler, die Pasta verkauften, ein vertrauter Anblick.

Die industrielle Produktion begann in Gragnano, im Hinterland der Amalfiküste, wo Trocken- und Konservierungstechniken entwickelt wurden und die Pasta zu Spaghetti, Linguine, Ziti und *paccheri*, spezielle große Röhrennudeln, geformt wurde. Nudelmacher, die ihre Ware feilboten, gab es schon im 15. Jahrhundert, und noch heute wird Pasta auf traditionelle Weise produziert, wenngleich es nur noch wenige Hersteller gibt, die den ganz alten, traditionellen Methoden folgen. Bei einer dieser Techniken, *trafilata a bronzo*, wird der Teig durch bronzene Düsen gedrückt, um diverse Formen zu erzeugen. Dabei entsteht eine raue Oberfläche, sodass die Sauce gut auf der Pasta haften bleibt.

In der Vergangenheit wurde Pasta in wohlhabenden Kreisen an Festtagen serviert oder in aufwendigen Gerichten wie Timbalen verarbeitet. In ärmeren Familien wurden kleinere Pastamengen mit Bohnen gemischt, da Fleisch viel zu teuer war. Sehr oft wird Pasta mit *ragù* oder *sugo* serviert, wunderbar aromatische Saucen, die sich mit der beliebten San-Marzano-Tomate zubereiten lassen, und es ist angesichts der geografischen Lage der Region auch nicht verwunderlich, dass Pasta in Kampanien sehr oft mit Meeresfrüchten serviert wird.

Gragnano, im bergigen Hinterland des Golfs von Neapel gelegen, gilt als Geburtsstätte der getrockneten Pasta.

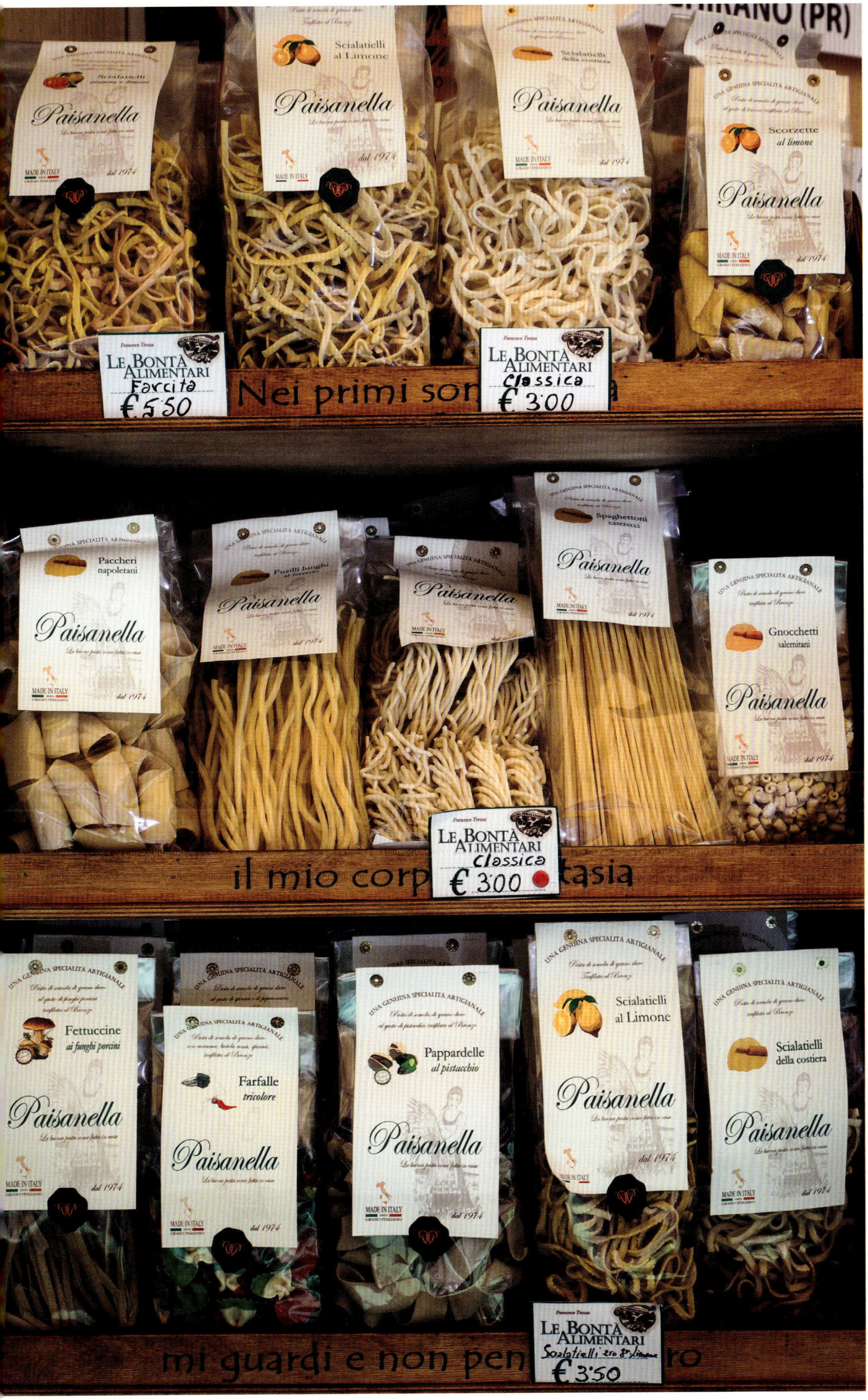

Paisanella
Scialatielli al Limone
Scialatielli della costiera
Scorzette al limone
dal 1974
MADE IN ITALY
LE BONTÀ ALIMENTARI
Farcita
€ 5.50
Nei primi son
Classica
€ 3.00
Paccheri napoletani
Spaghettoni caserecci
Gnocchetti salernitani
UNA GENUINA SPECIALITÀ ARTIGIANALE
il mio corp
tasia
Fettuccine ai funghi porcini
Farfalle tricolore
Pappardelle al pistacchio
mi guardi e non pen
ro
€ 3.50

RAVIOLI CAPRESI

Ravioli nach Capri-Art

Vorbereitungszeit: 1 Stunde
Kochzeit: 20 Minuten
Für 6 Personen

Für die Tomatensauce
- 3 EL Olivenöl
- 2 Knoblauchzehen, abgezogen, aber im Ganzen
- 800 g San-Marzano-Tomaten, abgetropft und halbiert
- 1 Prise Salz

Für die Füllung
- 100 g gereifter Provolone, gerieben
- 1 Eigelb
- 3–4 Majoran- oder Salbeiblätter, gehackt
- 2 TL frisch geriebener Parmesan
- Salz und Pfeffer
- Basilikumblätter, gehackt

Für die Pasta
- 500 g italienisches Hartweizenmehl Type 00
- 1 Prise Salz
- 1 Eigelb
- 3 EL Olivenöl
- heißes Wasser, nach Bedarf

- frisch gehobelter Parmesan, zum Servieren

Für die Sauce das Öl in einem mittleren Topf erhitzen. Die Knoblauchzehen darin bei mittlerer Hitze etwa 2 Minuten anbräunen, dann aus dem Topf nehmen. Die Tomaten mit dem Salz zufügen und 10 Minuten köcheln. Mit einer Gabel zerdrücken und die Sauce bei starker Hitze 7–10 Minuten eindicken lassen.

Für die Füllung den Provolone mit einer Gabel zerdrücken. Eigelb, Majoran und Parmesan unterrühren. Salzen und pfeffern. Etwas Basilikum untermengen.

Für die Pasta das Mehl auf eine Arbeitsfläche häufen und eine Vertiefung in die Mitte drücken. Salz und Eigelb hineingeben. Nach und nach mit etwas Mehl vermengen und das Öl zufügen. Dabei esslöffelweise heißes Wasser einarbeiten und kneten, bis der Teig gebunden ist. Den Teig zu einer Kugel formen und 2–4 Minuten kneten, bis er glatt und elastisch ist. Den Teig halbieren und auf der bemehlten Arbeitsfläche zu zwei etwa 4 mm dicken Kreisen (à etwa 45 cm Durchmesser) ausrollen.

Teelöffelgroße Portionen Füllung in regelmäßigen Abständen auf eine Teigplatte setzen. Die zweite Teigplatte darauflegen. Die Luft um die Füllung herausstreichen. Mit einer runden Ausstechform (2,5–4 cm Durchmesser) Ravioli ausstechen und diese an den Rändern zusammendrücken.

Salzwasser in einem großen Topf zum Kochen bringen. Die Ravioli noch einmal gut zusammendrücken und portionsweise 4–6 Minuten bissfest garen. Herausheben und in den Topf mit der Sauce geben.

Mit Parmesan bestreuen und sofort servieren.

BACCALÀ ALLA PERPICAREGNA

Vorbereitungszeit: 20 Minuten + 24 Stunden Einweichzeit
Kochzeit: 30 Minuten
Für 4 Personen

Klippfisch nach Perpicaregna-Art

- 500 g Klippfisch
- 100 ml Olivenöl
- 1–2 Knoblauchzehen, abgezogen, aber im Ganzen
- getrocknete milde grüne Peperoni

Den Klippfisch in einer Schüssel Wasser 24 Stunden im Kühlschrank einweichen. Dabei regelmäßig das Wasser auswechseln. Den Fisch gut abtropfen lassen.

Wasser mindestens 2,5 cm hoch in einen Topf mit Dämpfeinsatz füllen. Bei aufgesetztem Deckel zum Kochen bringen. Den Fisch im Dämpfeinsatz in den Topf setzen und bei geschlossenem Deckel etwa 10 Minuten dämpfen. Den Fisch herausnehmen und etwas abkühlen lassen. Dann in Stücke teilen und letzte Gräten entfernen.

Das Öl mit den Knoblauchzehen in einer Pfanne erhitzen. Die Peperoni darin rundum anbraten. Aus der Pfanne nehmen, abtropfen lassen und Stiele und Kerne entfernen.

Die Peperoni mit dem Klippfisch auf einer Platte anrichten und sofort servieren.

KLIPPFISCH

Ein wichtiges Gericht für Süditaliener ist *baccalà* oder Klippfisch. In katholischen Familien kommt er traditionell freitags und an Heiligenabend auf den Tisch, wobei der Fisch auf unterschiedlichste Weise zubereitet wird.

Vor dem Konservieren wird der fangfrische Fisch filetiert. Kabeljau, der ausschließlich durch Trocknung konserviert wird, wird *stoccafisso*, also „Stockfisch" genannt; Fisch, der zu diesem Zweck zusätzlich eingesalzen wird, heißt ist *baccalà*. Wenn möglich, besorgen Sie sich voreingeweichten baccalà, der eine fleischige, feste Textur und ein reines Aroma besitzt. Wenn *baccalà* getrocknet gekauft wird, muss er erst 24 bis 48 Stunden in frischem, kaltem Wasser im Kühlschrank eingeweicht werden, wobei das Wasser regelmäßig ausgewechselt und der Fisch abgespült werden muss. In Italien haben die meisten Markt- und Fischhändler große Marmorbecken, in denen Stapel von *baccalà* gewässert werden – ein interessanter Anblick für Markt-Touristen und Kunden.

Baccalà muss so lange gewässert werden, bis das Fleisch weiß und die Textur prall ist. Die Zubereitung ist oft einfach und schlicht. Klippfisch wird in der Regel mit Tomaten, Peperoni, Kartoffeln und Auberginen serviert und ist die perfekte Begleitung für eine pikante Tomatensauce. *Baccalà alla napoletana* besteht aus gebratenem Klippfisch, der in einer einfachen, mit typisch Neapolitaner Zutaten wie Oliven, Kapern und Nüssen aromatisierten Tomatensauce serviert wird. Gerne wird er aber auch in Zitrone, Knoblauch und Petersilie geschwenkt oder zusammen mit Kapern und Sardellen als leichter Belag für *pizza di baccalà* (Klippfischpizza, Seite 196) vewendet.

Seite 62:
Neapels älteste Festung, das Castel del'Ovo oder Eierfestung, wurde im 12. Jahrhundert von den Normannen errichtet.

Seite 63:
Die Bucht von Neapel erstreckt sich über 32 Kilometer von Capo di Miseno bis hin zur Punta Campanella.

Nach dem Trocknen und Einsalzen hält sich Fisch über sehr lange Zeit ohne geschmackliche Einbußen und ohne zu verderben.

I.T.T.I.C.I
BACCALÀ
& AFFINI
da Gerardo
da Gerardo

CONIGLIO ALL'ISCHITANA

Kaninchen nach Ischia-Art

- 1,5 kg Kaninchenteile, Leber und andere Innereien getrennt aufbewahrt
- 250 ml trockener Weißwein
- 120 ml Olivenöl
- 4 Knoblauchzehen, ungeschält
- 1 Handvoll sehr große Basilikumblätter
- 2 EL Schmalz
- 15 Cocktailtomaten, geviertelt
- Salz und Pfeffer
- frische Kräuter, zum Garnieren

Vorbereitungszeit: 20 Minuten + 2 Stunden Marinierzeit
Kochzeit: 1 Stunde
Für 6 Personen

Die Kaninchenteile in eine Schüssel geben, mit dem Wein übergießen und etwa 2 Stunden marinieren. Gut abtropfen lassen; den Wein nicht wegschütten.

Das Öl in einer hohen Pfanne erhitzen. Die ungeschälten Knoblauchzehen darin von beiden Seiten anbräunen, dann wieder herausnehmen. Die Kaninchenteile in die Pfanne geben und von allen Seiten anbräunen. Mit 150 ml Marinier-Weißwein ablöschen und einkochen lassen. Leber und andere Innereien einzeln und gegebenenfalls halbiert in den Basilikumblättern aufrollen und zwischen die Kaninchenteile in die Pfanne setzen. Schmalz und Tomaten zugeben. Salzen und pfeffern. Bei mittlerer Hitze etwa 40 Minuten garen. Dabei gegebenenfalls heißes Wasser nachgießen. Mit Salz und Pfeffer abschmecken.

Die Kaninchenteile auf einer Platte anrichten. Mit frischen Kräutern wie Basilikum, Salbei oder Rosmarin garnieren.

POLPO ALLA LUCIANA

Vorbereitungszeit: 20 Minuten
Kochzeit: 2 Stunden
Für 4 Personen

Tintenfisch nach Luciana-Art

- 450–680 g Oktopus, küchenfertig
- 200 ml Olivenöl
- 1 Zitrone, in Scheiben
- 1 Stängel Petersilie, gehackt
- 1 frische rote Chili, in feinen Ringen
- Salz und schwarzer Pfeffer

Den Tintenfisch in einen großen Schmortopf setzen. Olivenöl, Zitronenscheiben, Petersilie und Chili zufügen. Salzen und pfeffern. Den Topf mit einem Bogen Wachspapier bedecken und gut mit Küchengarn festbinden. Den Deckel aufsetzen und bei mittlerer Hitze etwa 2 Stunden garen (den Deckel nicht anheben). Den Topf vom Herd nehmen und den Tintenfisch darin abkühlen lassen. In Stücke schneiden und in der Sauce (schmeckt warm, aber auch kalt) servieren.

PAESANI
1
EURO
KILO

3,20
S.MARZANE
2 EURO KILO
VESUVIO
3 EURO KILO
SORRENTO
4 EURO KILO
PAESANI
2'40 KILO
PAESANE
2 EURO KILO
PAESANI
5 EURO KILO
10 EURO KILO
FRUTTA

INSALATA DI RINFORZO

Gemüsesalat

- 1 mittlerer Blumenkohl (etwa 500 g)
- 1 mittlerer Romanesco (etwa 500 g)

Für die Vinaigrette
- 100 ml Olivenöl
- 2 EL Zitronensaft
- Salz und Pfeffer

Für den Salat
- 100 g entsteinte schwarze Oliven
- 100 g entsteinte grüne Oliven
- 4 EL Kapern
- 6–7 Sardellenfilets, gehackt
- 1 eingelegte rote Paprika, in feinen Streifen

Dieser Salat ist in Neapel ein typisches Heiligabend-Gericht und wird als „Stärkung" bezeichnet, weil er – wie es früher Brauch an diesem katholischen Festtag war – fleischlos, aber dennoch sättigend ist.

Vorbereitungszeit: 30 Minuten
Kochzeit: 15 Minuten
Für 4 Personen

Den ganzen Blumenkohl und den Romanesco in zwei Töpfen mit leicht gesalzenem Wasser knackig gar kochen. Das Wasser abgießen, den Kohl abtropfen und etwas abkühlen lassen, dann in kleine Röschen teilen.

Für die Vinaigrette Öl und Zitronensaft in einer Schale verquirlen. Mit Salz und Pfeffer abschmecken.

Für den Salat Blumenkohl- und Romanescoröschen mit Oliven, Kapern, Sardellen und Paprika in eine Schüssel geben. Mit der Vinaigrette beträufeln und vorsichtig vermengen, damit die Kohlröschen nicht beschädigt werden. (Der Salat kann im Voraus zubereitet und im Kühlschrank aufbewahrt werden; 30 Minuten vor dem Servieren wieder herausnehmen, damit er Raumtemperatur hat.)

PIZZA NAPOLETANA

Vorbereitungszeit: 25 Minuten + 35 Minuten Gehzeit
Kochzeit: 20 Minuten
Ergibt 2 kleine Pizzas oder 1 große Pizza

Den Pizzateig zubereiten, und wie im Teigrezept angegeben ausrollen. Die Backform(en) damit auslegen. Mit einem sauberen Tuch abdecken und 20 Minuten gehen lassen.

Den Backofen auf 250 °C vorheizen.

Für den Belag die Tomaten gleichmäßig auf dem Teig verteilen. Dabei größere Stücke mit der Gabel oder von Hand zerdrücken. Mit dem Knoblauch belegen. Salzen und großzügig mit Olivenöl beträufeln. Im vorgeheizten Ofen 10 Minuten backen. Aus dem Ofen nehmen, mit Oregano bestreuen und weitere 8–10 Minuten backen, bis der Teigrand goldbraun und knusprig ist. Sofort servieren.

Neapolitaner Pizza

- 1 Portion Pizzateig (Seite 265)

Für den Belag

- 800 g San-Marzano-Tomaten, abgetropft und entkernt
- 2 Knoblauchzehen, abgezogen und in feinen Scheiben
- 1 Prise Salz
- Olivenöl, zum Beträufeln
- getrockneter Oregano, zum Bestreuen

PIZZA

Neapel gilt als Geburtsort der Pizza, und die Neapolitaner sind sehr stolz auf ihre kulinarische Erfindung, die auf der ganzen Welt bekannt und beliebt ist. In ganz Kampanien gibt es Pizza an jeder Ecke und mit der Associazione Verace Pizza Napoletana eine Organisation, die die Tradition hochhält und darauf achtet, dass die echte, authentische Neapolitaner Pizza nach bestimmten Regeln und Richtlinien zubereitet wird.

Seite 72–73:
Die Wirtschaft der Region ist stark landwirtschaftlich geprägt.

Traditionell werden Pizzas in einem holzbefeuerten Ziegelsteinofen gebacken, und zwar direkt auf einem Steinboden und nicht in einer Backform. Der Hefeteig geht bei starker Hitze schön auf und erhält einen appetitlich gebräunten, knusprigen Rand.

Das Wort „Pizza" leitet sich vermutlich vom lateinischen *pinsa* ab, eine Art Fladenbrot der Römer. Vielfach wird auch die Focaccia für einen Vorläufer der Pizza gehalten. Wie dem auch sei, verbreitete sich gegen Ende des 18. Jahrhunderts *co a pummarola 'ncoppa* (neapolitanisch für „Tomatensauce obendrauf") über die ganze Stadt, und zunächst wurde Pizza ausschließlich von Straßenhändlern mit kleinen Öfen auf ihren Wagen verkauft. Die erste Pizzeria, Port'Alba, öffnete 1830 ihre Türen.

Im Jahr 1889 ließen sich König Umerto I. und seine Gemahlin Margherita, neugierig auf Pizza geworden, von Pizzabäcker Don Raffaele und seiner Frau Pasqualina in der Küche des Capodimonte-Palastes Pizza backen. Die Lieblingspizza der Königin, für deren Belag Zutaten in den italienischen Nationalflaggen ausgewählt wurden, ist uns heute als Pizza Margherita bekannt.

Ganz traditionelle Pizzerien servieren nur zwei Arten von Pizza: *marinara* mit einem Belag aus einer Sauce aus San-Marzano-Tomaten, Knoblauch, Oregano und Olivenöl und Margherita mit Tomatensauce, Basilikum und *Fior di Latte* (Kuhmilchmozzarella) oder Büffelmozzarella für die Puristen, beträufelt mit Olivenöl.

Meisterpizzabäcker sind bekannt dafür, dass sie den Teig sehr dünn ausziehen können, indem sie ihn in einer Drehbewegung hochwerfen und wieder auffangen.

BABÀ

Rum-Baba

Vorbereitungszeit: 1 Stunde 30 Minuten + 1 Stunde 30 Minuten Gehzeit
Kochzeit: 55 Minuten
Ergibt 20 Stück

Für den Teig:

- 2 Päckchen Trockenbackhefe
- 50 ml lauwarme Milch
- 2 EL Zucker, plus 1 Prise
- 5 Eier
- 250 g Weizenmehl
- 1 Prise Salz
- 125 g weiche Butter

Für das Kompott:

- 4–5 EL Rosinen
- 8 Backpflaumen, halbiert
- 250 ml weißer Rum
- 2 Äpfel, geschält, entkernt und in 8 Spalten
- 3 Birnen, geschält, entkernt und in 6 Spalten
- 375 ml Wasser
- 3 EL Zucker
- fein abgeriebene Schale von ½ Zitrone

Für den Teig die Hefe mit 2 Esslöffeln Milch und 1 Prise Zucker in einer Schale anrühren und 10 Minuten quellen lassen. In einer Schüssel 3 Eier verquirlen.

Das Mehl auf eine Arbeitsfläche häufen und eine Vertiefung in die Mitte drücken. Salz, Hefeansatz, verquirlte Eier, 2 Esslöffel Zucker und die Hälfte der Butter hineingeben. Die restliche Milch zugießen und kräftig mit dem Mehl verkneten. Die restlichen beiden Eier und die Butter zufügen und kneten, bis sich der Teig von der Arbeitsfläche löst. Alternativ in einer Küchenmaschine kneten. In eine eingefettete Schüssel geben, mit einem sauberen Tuch abdecken und an einem warmen Ort etwa 90 Minuten gehen lassen.

20 Baba-Förmchen (oder eine Kranz- bzw. Savarinform mit 2,5–3 l Fassungsvermögen) mit Butter einfetten und mit Mehl ausstäuben. Den sehr weichen Teig mithilfe eines Holzlöffels in die vorbereitete(n) Form(en) füllen. Abgedeckt an einem warmen Ort gehen lassen, bis der Teig den Rand der Form erreicht.

Inzwischen für das Kompott Rosinen und Backpflaumen in eine Schüssel geben, knapp mit Rum bedecken und 15 Minuten einweichen. Gut abtropfen lassen.

Äpfel, Birnen und abgetropfte Trockenfrüchte in einen großen Topf geben. Wasser, restlichen Rum, Zucker und Zitronenschale zufügen und bei mittlerer Hitze etwa 20 Minuten garen, bis Äpfel und Birnen weich sind. Den Topf vom Herd nehmen und das Kompott im Sirup erkalten lassen.

Inzwischen den Backofen auf 220 °C vorheizen.

Für den Sirup:

- 200 g Zucker
- 450 ml Wasser
- fein abgeriebene Schale von ½ Zitrone
- 50 ml Zitronensaft
- 300 ml weißer Rum

Zum Servieren:

- 2 EL Aprikosenkonfitüre
- 2 EL Rum

Die Babas im vorgeheizten Ofen 15 Minuten backen. Dann die Ofentemperatur auf 190 °C reduzieren und weitere 15–20 Minuten backen, bis sie goldbraun sind.

Inzwischen für den Sirup Zucker und Wasser in einem Topf aufkochen, bis der Zucker aufgelöst ist. Den Sirup etwas abkühlen lassen, dann Zitronenschale und -saft sowie Rum einrühren. Die Babas aus den Förmchen lösen und 5 Minuten abkühlen lassen. Dann wieder in die Förmchen setzen, mit einem Holzspieß mehrmals einstechen und nach und nach mit dem heißen Sirup tränken. Etwas Sirup aufbewahren.

Die Aprikosenkonfitüre mit dem Rum glatt rühren. Zum Servieren die Babas wieder aus den Förmchen stürzen. Auf eine Platte setzen und mit der Konfitüre glasieren. Das Kompott zufügen. Die Babas mit dem restlichen Sirup in einer Schale servieren.

BABA

Baba, oder auch Savarin, ist ein saftiger Hefeteigkuchen, der mit Rumsirup getränkt wird und in Kampanien, insbesondere in Neapel so beliebt ist, dass *„si nu' babba"* aus dem Munde eines Neapolitaners („du bist ein Baba") als Kompliment zu verstehen ist.

Seite 83:
Die Piazza San Domenico Maggiore ist einer der zentralen Plätze in Neapel.

Der Baba wurde im 18. Jahrhunderts in Frankreich zu Ehren von Stanislaus Leszczynski, zweimaliger König von Polen, Herzog von Lothringen und Schwiegervater Ludwigs XV., kreiert. Ursprünglich ließ man den Teig dreimal gehen und knetete ihn sehr lange, um einen möglichst luftig lockeren Kuchen zu erhalten. Er wurde mit Weinbeeren aus Korinth und Smyrna gefüllt, und durch die Zugabe von Safran war er herrlich gelb. Weil den Feinschmecker Stanislaus die Zutaten an Tausendundeine Nacht erinnerten, gab er dem Kuchen den Namen „süßer Ali Baba". Nach Neapel gelangte der Baba in der Zeit nach der Einigung Italiens, hatte auf seinem Weg dorthin aber Rosinen und Safran verloren.

Eine andere Legende berichtet, dass Stanislaus in seiner Zeit im elsässischen Exil sehr gerne Gugelhupf aß. Weil er aber den Madeira satthatte, der traditionell zum Aromatisieren des Teiges verwendet wurde, tunkte er seinen Kuchen in Marsala, und so wurde der ursprüngliche Baba geboren. Der Hofkonditor eröffnete einige Jahre später ein Geschäft in Paris und tränkte diesen Kuchen mit Rum. Mit Köchen, die für adelige neapolitanische Familien arbeiteten, gelangte dieser Kuchen dann von Paris nach Neapel. Baba tauchte in einem italienischen Kochbuch zum ersten Mal 1836 auf.

Babas findet man in allen Konditoreien der Region. Es gibt sie in unterschiedlichen Größen, von größeren Kuchen bis hin zu kleinen Teilchen, die man auf die Hand kauft.

COVIGLIE AL CIOCCOLATO

Schokoladenmousse

In Neapel wird Schokoladenmousse im Allgemeinen in speziellen Schalen aus silberbeschlagenem Metall serviert.

Vorbereitungszeit: 45 Minuten
Kochzeit: 15 Minuten
Für 8–10 Personen

- 225 g Zartbitterschokolade (vorzugsweise mit 70 % Kakaoanteil)
- 4 Eigelb
- 80–100 g Zucker (je bitterer die Schokolade, desto mehr Zucker)
- 2 EL weißer Rum
- 3 Eiweiß, auf Raumtemperatur
- 350 g Schlagsahne, gekühlt
- 1 TL Zitronensaft

Die Schokolade in Stücke brechen und im Wasserbad schmelzen.

Die Eigelbe mit dem Zucker in einer Schüssel hell und schaumig rühren. Den Rum unterrühren. Dann die flüssige Schokolade in einem dünnen Strahl unter Rühren zugießen.

Die Eiweiße mit dem Zitronensaft etwa 5 Minuten sehr steif schlagen.

Die Sahne steif schlagen.

Zunächst die Sahne unter die Schokoladenmasse heben. Dann den Eischnee unterheben. Die Mousse in Dessertschalen oder -gläser füllen, mit Frischhaltefolie abdecken und maximal 1 Woche im Gefrierfach lagern. Die Mousse 20 Minuten vor dem Servieren aus dem Gefrierfach nehmen.

KAFFEE

Die Kaffeekultur hat sich in ganz Italien im Laufe des 16. Jahrhundert entwickelt. Kaffee, auf Italienisch *caffè*, war auch hier lange ein exotisches Getränk, an dem sich ausschließlich die Wohlhabenden und der Adel erfreuten. Im 19. Jahrhundert schließlich tauchten Straßenverkäufer, *caffettiere*, auf, bei denen nun auch die Massen in den Genuss von Kaffee kamen. Diese Händler führen auch geröstete Kaffeebohnen mit sich und verbreiteten einen unwiderstehlichen Kaffeeduft in den Straßen der kampanischen Städte.

Neapel ist der Geburtsort der Espressomaschine, und hier entwickelte sich auch die beliebte Kaffeebar-Kultur. Neapolitaner machen mehrmals am Tag eine kurze Pause in einer Kaffeebar, um morgens einen Cappuccino und im Laufe des Tages den ein oder anderen Espresso zu trinken. Und auch nach dem Abendessen gibt es, quasi als Digestiv, oft noch einen weiteren kleinen, starken Schwarzen.

Zu den Gepflogenheiten in einer italienischen Kaffeebar gehört es unter anderem, dass die meisten Gäste direkt an der Theke stehen, rasch ihren Kaffee trinken, zahlen und wieder gehen. Eine ganz besondere neapolitanische Tradition ist der *caffè sospeso*. Der „aufgeschobene Kaffee" kam während des Zweiten Weltkrieges auf und ist eine von einem Gast im Voraus bezahlte Tasse Kaffee, die später ein anderer trinken kann, der sich Kaffee in einer Bar eigentlich nicht leisten kann. Diese kleine freundliche Geste erlebt vor allem in den letzten Jahren einen Wiederaufschwung.

Der unvergleichliche Geschmack von kampanischem Kaffee hat mehrere Gründe: die originale neapolitanische Kaffeemaschine, *machinetta napoletana*, die Kaffeebohnen und auch das Wasser. Die beliebtesten neapolitaner Kuchen wie *babà* (Seite 80), *torta caprese alle noci* (Seite 93) oder *sfogliatelle frolle* (Seite 213) wären ohne einen kräftigen Espresso nur halb so köstlich.

Seite 86:
Das Certosa di San Martino ist von den darunterliegenden engen Gassen aus zu sehen. Die ehemalige Klosteranlage liegt in unmittelbarer Nähe zum Castel Sant'Elmo.

Seite 87:
Das Castel Nuovo (Neue Burg) aus dem 13. Jahrhundert wurde unter Karl I. (Karl von Anjou), König von Neapel und Sizilien, errichtet. Das Schloss ist auch als Maschio Angioino bekannt.

Kaffeeröstereien liegen in Neapel meist in der Nähe von Bäckereien.

TORTA CAPRESE ALLE NOCI

Nusskuchen aus Capri

Vorbereitungszeit: 40 Minuten
Kochzeit: 1 Stunde
Für 8–10 Personen

- 200 g Zartbitterschokolade (70 % Kakaoanteil), gehackt
- 8 Eier, getrennt
- 1 EL Zitronensaft
- 250 g weiche Butter
- 250 g Zucker
- 300 g Walnüsse oder Mandeln, gehackt
- Puderzucker, zum Bestäuben

Den Backofen auf 180 °C vorheizen. Eine Springform (26 cm Durchmesser) mit Backpapier auskleiden, einfetten und mit Mehl ausstäuben.

Die Schokolade im Wasserbad schmelzen. Alternativ in eine mikrowellengeeignete Schüssel geben und in 30-Sekunden-Intervallen schmelzen, dazwischen jedes Mal umrühren. Die flüssige Schokolade abkühlen lassen.

Die Eiweiße mit dem Zitronensaft etwa 5 Minuten steif schlagen.

Butter und Zucker 2–3 Minuten hell und cremig rühren. Die Eigelbe einzeln unterrühren. Nüsse und abgekühlte Schokolade einarbeiten. Den Eischnee unterheben.

Den Teig in die vorbereitete Form füllen und 60 Minuten im vorgeheizten Ofen backen. Falls nötig, gegen Ende der Backzeit die Oberfläche mit einem Bogen Backpapier abdecken. Den Kuchen in der Form erkalten lassen. Vor dem Servieren mit Puderzucker bestäuben.

TORTA CAPRESE ALLE NOCI

Diese *torta* ist ein traditioneller Schokoladenkuchen mit Walnüssen oder Mandeln von der Insel Capri, die am südlichen Rand des Golfs von Neapel liegt. Es gibt diverse Varianten, aber wird der Teig immer mit reichlich Eiern, Eischnee und Nüssen, die entweder fein gehackt oder gemahlen werden, doch ohne Mehl zubereitet. Gelegentlich kommt noch etwas Alkohol hinzu. Der fertige Kuchen wird vor dem Servieren mit Puderzucker bestäubt, wozu auch gern eine Schablone mit einem dekorativen Muster verwendet wird.

Zu dieser wunderbaren *torta* wird traditionell ein Gläschen eiskalter Limoncello, eine weitere Spezialität der Insel Capri, gereicht.

Um die Entstehung dieses feinen Kuchens ranken sich mehrere Legenden. Möglicherweise ist er eine Abwandlung der Wiener Sachertorte oder er könnte aus dem Missgeschick eines Konditors entstanden sein. Wurde sie zunächst hauptsächlich für die Touristen auf Capri zubereitet, entwickelte sie sich auch schnell bei den Einheimischen zu einem Favoriten, und heute ist die *torta caprese alle noci* in allen Cafés und Konditoreien zu genießen.

ZEPPOLE NAPOLETANE

Zeppole sind mit Konditorcreme gefüllte und einer Kirsche garnierte kleine Spritzkuchen aus Brandteig, die in Kampanien traditionell zum Namensfest des heiligen Josef am 19. März zubereitet werden.

Vorbereitungszeit: 45 Minuten
Kochzeit: 1 Stunde
Ergibt 10–12 Kringel

Wasser, Butter und Salz in einem Topf bis knapp unter dem Siedepunkt erhitzen und die Butter schmelzen. Den Topf vom Herd nehmen und das Mehl auf einmal zufügen. Mit einem Holzlöffel kräftig rühren, bis die Masse glatt ist. Den Topf bei mittlerer bis starker Hitze wieder auf den Herd setzen und unter kräftigem Rühren abbrennen, bis sich am Topfboden eine helle Schicht gebildet hat und der Teig sich als Kloß vom Topfboden löst. Den Teig in eine Schüssel geben und etwa 5 Minuten abkühlen lassen. Dann die Eier einzeln einarbeiten. Die Zitronenschale unterrühren. Den Teig in einen Spritzbeutel mit großer Lochtülle füllen.

Einen großen, schweren Topf zur Hälfte mit Rapsöl füllen und auf 180 °C erhitzen. Etwa 2 Esslöffel große Teigportionen ringförmig auf einen Streifen Backpapier spritzen und ins heiße Fett gleiten lassen. Jeweils vier Teigportionen gleichzeitig 1–2 Minuten pro Seite unter mehrmaligem Wenden goldbraun frittieren. Mit einem Schaumlöffel herausheben und auf einem mit Küchenpapier ausgelegten Teller abtropfen lassen.

Warm oder kalt servieren. Mit Puderzucker bestäuben oder etwas Vanillecreme in die Mitte spritzen und einen Teelöffel Konfitüre daraufsetzen.

Neapolitaner Schmalzkringel

- 250 ml Wasser
- 80 g Butter oder Schmalz
- 1 Prise Salz
- 225 g Weizenmehl, gesiebt
- 6 Eier
- fein abgeriebene Schale von 1 Zitrone
- Rapsöl, zum Frittieren

Zum Servieren

- Puderzucker
- Kirschkonfitüre
- Vanillecreme

PASTIERA NAPOLETANA

Pastiera napoletana, eine Osterspezialität, hat sowohl römische wie griechische Ursprünge und ist vermutlich auf Brote, die in der Zeit Konstantins I. bei Taufzeremonien mit Milch und Honig zubereitet wurden, zurückzuführen. Die *pastiera* symbolisierte die österliche Auferstehung und neues Leben. Einer anderen Legende zufolge wurden der Sirene Parenope, die jedes Frühjahr aus dem Golf von Neapel entsteigt, von den Einheimischen traditionelle *pastiera*-Zutaten dargeboten. Parenope brachte die Gaben den Meeresgöttern, die sie daraus eine *pastiera napoletana* machten. Viel wahrscheinlicher aber dürfte die Torte in einem Neapolitaner Kloster entstanden sein.

Kaffeetischchen säumen die Straßen von Neapel.

Zwar ist die *pastiera* heute das ganze Jahr über erhältlich, doch weist die aufwendige Zubereitung darauf hin, dass die Torte früher dem Osterfest vorbehalten war, an denen man etwas Besonderes genießen wollte. Damit der Kuchen zum Ostersonntag fertig war, musste mit der Zubereitung bereits am Gründonnerstag oder Karfreitag begonnen werden.

Heutzutage wird *pastiera* mit vorgegartem Weizen, *grano cotto*, zubereitet, der ausschließlich für die Zubereitung von *pastiera* hergestellt wird. (Außerhalb von Italien ist *grano cotto* nur schwer erhältlich; als Ersatz können gegarte Rollgerste oder vorgegarter Zartweizen – Ebly – dienen.) Das gegarte Getreide wird langsam in Milch erhitzt, bis ein weicher, cremiger Brei entstanden ist.

Der Brei wird dann mit Eiern, Ricotta, Orangenblütenwasser, Zimt und Vanille angereichert und oft auch mit kandierten Zitrusfrüchten oder *zucca candita*, kandiertem Kürbis, verfeinert. Damit wird ein Mürbeteigboden gefüllt, und als Verzierung werden Teigstreifen gitterartig über die Füllung gelegt. Die Torte muss nach dem Backen einen Tag kühlen. Moderne Versionen werden mit Konditorcreme gefüllt.

PASTIERA NAPOLETANA

Vorbereitungszeit: 1 Stunde 15 Minuten + 12 Stunden Kühlzeit
Kochzeit: 1 Stunde 30 Minuten
Für 12 Personen

Neapolitaner Ostertorte

Für die Füllung:

- 420 g gekochte Rollgerste, abgekühlt
- 500 ml Vollmilch
- 280 g Zucker
- 1 Prise Salz
- fein abgeriebene Schale von 1½ Zitronen
- 3 Eiweiß
- 1 TL Zitronensaft
- 500 g Ricotta
- 5 Eigelb
- 70 g kandierte Zitrone, gewürfelt
- 70 g kandierter Kürbis oder getrocknete Aprikosen, gewürfelt
- 1 TL Orangenblütenwasser

Für den Teig:

- 500 g Weizenmehl
- 200 g Zucker
- 250 g weiche Butter oder Schmalz
- 5 Eigelb
- abgeriebene Schale von 1 Orange

Für die Füllung Gerste, Milch, 2½ Esslöffel Zucker, Salz und die Schale von ½ Zitrone in einem Topf etwa 20 Minuten unter häufigem Rühren köcheln lassen, bis ein fester Brei entstanden ist. Abkühlen lassen.

Die Eiweiße mit dem Zitronensaft steif schlagen.

Den Ricotta mit dem restlichen Zucker in einer Schüssel cremig rühren. Eigelbe, kandierte Zitrone und Kürbis, Orangenblütenwasser, restliche Zitronenschale und den abgekühlten Gerstenbrei sorgfältig unterziehen. Den Eischnee unterheben.

Den Backofen auf 170 °C vorheizen. Eine Backform (30 cm Durchmesser) einfetten und mit Mehl ausstäuben.

Für den Teig das Mehl auf eine Arbeitsfläche häufen und eine Vertiefung in die Mitte drücken. Zucker, Butter oder Schmalz, Eigelbe und Orangenschale hineingeben. Nach und mit dem Mehl zu einem glatten Teig verkneten. Ein Viertel des Teigs abtrennen und beiseitelegen. Den restlichen Teig zu einem 38 cm großen Kreis ausrollen und die vorbereitete Form damit auskleiden. Überstehende Teigränder abschneiden.

Die Füllung auf dem Teigboden verstreichen. Den restlichen Teig etwa 30 cm lang ausrollen und in 6 breite Streifen schneiden. Gitterförmig auf die Füllung legen. Überstehenden Teig abschneiden und die Teigstreifen am Rand andrücken.

Im vorgeheizten Backofen 90 Minuten backen. Erkalten lassen und vor dem Servieren mindestens 12 Stunden im Kühlschrank ruhen lassen.

VESUVAPRIKOSEN

Kampanien ist eines der größten Aprikosenanbaugebiete Italiens und besonders bekannt für die beliebten Vesuvaprikosen, die die begehrte geschützte geografische Angabe IGP besitzen und für die bestimmte traditionelle Anbauverfahren vorgeschrieben sind. Aprikosenbäume gedeihen an den Hängen des Monte Somma, ein alter, eingestürzter Vulkan, aus dem sich der Vesuv erhebt. Der fruchtbare mineralienreiche Vulkanboden und das milde Klima schaffen ideale Voraussetzungen für den Aprikosenanbau. Die hocharomatischen, leuchtend orangen, rotgesprenkelten Aprikosen haben eine kurze Saison von Juni bis Juli, was sie zu einer begehrten Rarität macht. Die am Baum gereiften Früchte sind sehr empfindlich und müssen von Hand geerntet werden.

Ein kleiner Anteil der Aprikosen gelangt als Tafelfrüchte auf die regionalen Märkte. Der Hauptteil der Ernte wandert in die Produktion von Saft, Konfitüre, kandierten Früchten oder Konserven.

Die sogenannten Vesuvaprikosen sind rund um den Vesuv die beliebtesten Früchte. Es gibt etwa 70 oder mehr Sorten, die sich in Größe, Aroma und Schalenbeschaffenheit unterscheiden. Der Geschmack variiert sehr stark von süß bis feinsäuerlich. Die Sorten Pellecchiella und Monaco gelten als die süßesten, Dafona oder Vitillo eher als herb.

Seite 104–105:
Das Häusermeer Neapels aus der Vogelperspektive.

II

CASERTA

CASERTA

Die Provinz Caserta liegt nördlich von Neapel auf einer Ebene am Fuße des kampanischen Apennins. In dieser abgeschiedenen Gegend, fernab der Hauptverkehrswege nach Neapel und der quirligen Amalfiküste, scheint die Zeit stillzustehen. Während die Stadt Caserta im Zweiten Weltkrieg schwere Bombenschäden hinnehmen musste, sind im mittelalterlichen Casertavecchia, der ursprünglichen Siedlung und heutiger Vorort des modernen Caserta, noch viele originale Pflastersteine, steinerne Torbögen und weitere alte architektonische Elemente erhalten ebenso wie eine Kathedrale aus dem 12. Jahrhundert im normannisch-arabischen Stil und eine normannische Burg aus dem 11. Jahrhundert.

Seite 106:
In der Provinz Caserta begegnet man recht häufig voll beladenen Transportwagen auf dem Weg zum Markt.

Wem aber die Gründung Casertas zuzuschreiben ist – den Samnitern, Longobarden oder Römern –, ist bis zum heutigen Tag nicht ganz geklärt. Jedenfalls aber wählten die Bourbonen im 18. Jahrhundert Caserta als Standort für einen neuen Palast. Die Stadt wuchs schnell, um Bau und Betrieb des Königspalastes zu gewährleisten. Die Alliierten nutzten den Palast als Basis, und hier wurde am 29. April 1945 die Teilkapitulation der Wehrmacht in Italien unterzeichnet.

Reggia di Caserta, der Königspalast von Caserta, wurde nach Plänen des Barockarchitekten Luigi Vanvitelli von den begabtesten Handwerken und mit besten Materialien gebaut. So betrug die Bauzeit denn auch über 20 Jahre. Vermutlich ist es das größte Gebäude Italiens aus dieser Zeit. Der imposante Palast ist eine der touristischen Hauptattraktionen in Kampanien. Der rechteckige Gebäudekomplex mit seinem spektakulären Treppenhaus ist um vier Innenhöfe angelegt. Die prachtvollen königlichen Appartments und die barocke Gartenanlage mit Fontänen, Brunnen, Teichen und Statuen sind überaus eindrucksvoll und lohnen einen Besuch.

Prächtige Fresken zieren die Decken der Reggia di Caserta.

Seite 110:
Eine der beiden Löwenstatuen im großen Marmortreppenhaus der Reggia di Caserta.

Seite 111:
Der imposante barocke Königspalast von Caserta hat über 45 000 Quadratmeter.

Caserta ist berühmt für seine Handwerkstraditionen. So ist San Leucio, ein Vorort von Caserta, auch heute noch bekannt für seine Seidenproduktion. In der Provinz erstrecken sich große Kastanienwälder, viele Weingärten und Olivenhaine. Casertano-Schweine durchziehen wild die Landstriche, und Schweine- und Wildschweinfleisch wird traditionell zu Gerichten wie Schweinebraten, Schweinswurst, Wildschwein mit frischer Pasta oder gegrilltem Spanferkel verwendet. Caserta ist bekannt für seine *salsiccia*, eine grobe Schweinswurst, die in Terracottabehältern reift, sowie für die *capuanella*-Artischocke und die Produktion von Büffelmozzarella. Seit der Antike bereits gibt es in Italien Wasserbüffel, die in Caserta auf großen Weiden gehalten werden. Ihre Milch wird nicht nur zu frischem DOP-Mozzarella verarbeitet, sondern auch für die Herstellung anderer Käsesorten wie Burrata, geräucherter Provola und Ricotta verwendet.

Wasser-, Cantaloupe- und Honigmelonen an einem Straßenstand.

TARALLI AL FINOCCHIETTO

Vorbereitungszeit: 1 Stunde + 2 Stunden Gehzeit
Kochzeit: 1 Stunde 15 Minuten
Ergibt 20 Stück

Taralli mit Fenchel

- 2 Päckchen Trockenbackhefe
- 1 Prise Zucker
- 200 ml lauwarmes Wasser
- 500 g Weizenmehl
- 1 EL Salz
- 150 g weiche Butter oder Schmalz
- 200 g grob gehackte Mandeln
- 2 TL Fenchelsamen, grob zerstoßen
- 1 Prise frisch gemahlener Pfeffer
- Olivenöl, zum Einfetten

Den Backofen auf 200 °C vorheizen. Zwei Backbleche mit Backpapier belegen.

Die Hefe mit Zucker und 2 Esslöffeln lauwarmem Wasser in einer Schüssel anrühren und einige Minuten quellen lassen.

Das Mehl auf eine Arbeitsfläche häufen und eine Vertiefung in die Mitte drücken. Salz, Butter oder Schmalz, Mandeln, Fenchelsamen, Pfeffer und Hefeansatz hineingeben. Unter Zugabe des lauwarmen Wassers nach und nach mit dem Mehl zu einem glatten Teig verkneten. In eine eingefettete Schüssel geben und abgedeckt etwa 2 Stunden an einem warmen Ort gehen lassen, bis das Teigvolumen sich verdoppelt hat.

Den Teig in vier Portionen teilen und jeweils zu einem etwa 50 cm langen Strang ausrollen. In 10 cm lange Stücke schneiden und daraus Kringel bilden, indem die beiden Enden über Kreuz zusammengedrückt werden.

Die Taralli auf die vorbereiteten Backbleche legen und im vorgeheizten Ofen etwa 15 Minuten backen. Den Ofen ausschalten und die Taralli bei leicht geöffneter Ofentür 1 Stunde erkalten lassen, damit sie schön trocken und knusprig werden.

TARALLI

Dieses herzhafte Knabbergebäck wird traditionell mit Salami gereicht. Das Wort *taralli* bezieht sich auf die Straßenverkäufer, die das Gebäck in Megellina, einem Fischerhafen von Neapel, verkauften. Die Verkäufer gibt es nicht mehr, aber Taralli sind eine Art Vorläufer des Straßenessens, das auf dem Meer oder am Hafen geknabbert wurde. Die Kringel aus Brotteig werden mit Fenchelsamen, Mandeln, Speck, aber auch mit Wein aromatisiert, manchmal sogar mit Puderzucker bestäubt.

Taralli in verschiedenen Geschmacksrichtungen werden in der ganzen Region angeboten.

Angeblich erfanden Bäcker diese Knabberei im 17. Jahrhundert, um Brotteigreste, die sie mit Schmalz und Pfeffer anreicherten, sinnvoll zu verwerten.

Wie andere Cracker oder Brotstangen, Grissini, sind *taralli* eine beliebte Kneipen-Knabberei. Es gibt sie in unterschiedlichen Größen, die sich aber alle an bestimmte Standardmaße halten. Sie können frittiert, im Ofen gebacken oder vor dem Backen auch in Wasser gebrüht werden und halten sich mehrere Monate.

LE BONTÀ ALIMENTARI
Tarallini. con Mandorla
€ 2.90

CAPRESE DI MOZZARELLA DI BUFALA

Mozzarella-Tomaten-Salat

Vorbereitungszeit: 20 Minuten
Für 4 Personen

- 3–4 Tomaten
- 300 g Büffelmozzarella
- 6 g Basilikumblätter
- Olivenöl, zum Beträufeln
- Salz

Die Tomaten in Scheiben schneiden und die Kerne entfernen. Den Mozzarella in 3 mm dicke Scheiben schneiden. Tomaten- und Mozzarellascheiben abwechselnd kreisförmig auf einem großen Teller anordnen. Mit den Basilikumblättern garnieren. Mit Olivenöl beträufeln und salzen. Bis zum Servieren kühl stellen.

BÜFFELMOZZARELLA

Um seine Frische zu bewahren, wird Büffelmozzarella in Molke aufbewahrt.

Mozzarella di bufala ist ein porzellanweißer Frischkäse, der ausschließlich in Kampanien aus der Milch der einheimischen italienischen Wasserbüffel hergestellt wird, die in den Ebenen von Caserta und Salerno umherziehen. Die rund 200 Hersteller des seidigen, dichten Käses werden regelmäßig von dem 1981 gegründeten Konsortium für den Schutz des Büffelmozzarellas in Kampanien kontrolliert – von der Haltung der Tiere über die Käseproduktion bis hin zum Vertrieb des Käses. Büffelmozzarella hat eine kontrollierte Ursprungsbezeichnung DOC, das heißt, der Käse darf seit 1993 nur in traditionellen Verfahren in bestimmten Regionen, darunter Kampanien, hergestellt werden. Seit 1996 ist *mozzarella di bufala di Campania* auch durch die Ursprungsbezeichnung DOP auch geschützt.

Die Geschichte der schwarzen Wasserbüffel mit den langen, spitzen Hörnern und breiten Hufen ist unklar. Vieles deutet darauf hin, dass Büffel im Mittelalter aus Asien nach Italien gelangten. Andere glauben, dass die Büffel durch die Normannen oder durch Pilger und Kreuzfahrer nach Italien kamen. Büffelmozzarella wurde bis in die zweite Hälfte des 20. Jahrhunderts überall hergestellt, aber nachdem die Herden während des Zweiten Weltkriegs stark dezimiert wurden, kam die Produktion fast zum Erliegen, konnte sich aber in der Nachkriegszeit wieder erholten.

Mozzarella wird auch aus Kuhmilch hergestellt. Aber in Kampanien gilt der Büffelmozzarella als hochwertiger, da Büffelmilch mehr Protein, Fett und Mineralien enthält. Büffel produzieren weniger Milch als Kühe, was die Milch und so auch den Mozzarella seltener und teurer macht. *Fior di latte*, die „Blume der Milch", ist eine andere Bezeichnung für Mozzarella aus Kuhmilch. Mozzarella allgemein gehört zur Käsegruppe der *pasta filata*, da nach dem Dicklegen der Milch der Käsebruch gebrüht und mit einem Stab in

Caseificio
S. Vito
MOZZARELLA
Trasformazione
latte di bufala
Pane
MOZZARELLA
di
Bufala
Ricotta

Rund 90 Prozent der Produzenten von Büffelmozzarella mit DOP-Anerkennung (geschützte Ursprungsbezeichnung) sind in den Provinzen Caserta und Salerno ansässig.

lange Stränge gezogen wird. Mit geübter Hand dreht der Käsemacher Stücke davon ab – das italienische Verb dafür ist *mozzare*, daher der Name Mozzarella – und formt sie zu Kugeln, die dann für einige Stunden in eine warme Lake gelegt werden. Der weiche Käse kann auch zu kleinen Bällchen, *bocconcini*, geformt oder zu größeren Zöpfen geflochten werden. Kugeln und Zöpfe müssen jedenfalls unter 800 g wiegen, um noch als Büffelmozzarella durchzugehen. Für 1 kg Mozzarella werden über 4 Liter frische Büffelmilch benötigt.

Mozzarella wird am besten frisch und auf Raumtemperatur serviert. Der leicht säuerliche, süße Geschmack des Käses ist bestens geeignet für Pizza Margherita (Seite 191), da der zerteilte oder geriebene Käse sehr gut schmilzt und sich geschmacklich wunderbar mit der frischen Tomatensauce verbindet. *Caprese di mozzarella di bufala* (Seite 119) ist ein Antipasto-Gericht aus Tomaten- und Mozzarellascheiben mit Basilikum. Es wird mit Salz und Olivenöl gewürzt und soll die italienischen Nationalfarben darstellen, in denen die frischen kampanischen Zutaten zur Geltung kommen. Der Ursprung des Salats ist nicht genau erforscht, auf einer Speisekarte tauchte er aber zum ersten Mal 1924 im Hotel Quisisana auf Capri auf.

Seite 124–125:
Erntefrisches Obst und Gemüse auf dem Weg zu den regionalen Märkten.

CALZONCINI 'MBOTTONATI

Vorbereitungszeit: 45 Minuten + 1 Stunde Gehzeit
Kochzeit: 30 Minuten
Ergibt 9 Stück

Calzoncini mit Schinken und Käse

Für den Teig
- 1 Päckchen Trockenbackhefe
- 1 Prise Zucker
- 180 ml lauwarme Milch oder Wasser
- 300 g Weizenmehl
- 1 Prise Salz

Für die Füllung
- 300 g Ricotta
- 80 g Provolone, gerieben
- 100 g Pancetta, klein geschnitten
- 1 Ei
- 1 Prise Salz

- Rapsöl, zum Frittieren

Für den Teig die Hefe mit Zucker und 2 Esslöffeln Milch in einer Schale anrühren und 10–15 Minuten quellen lassen.

Das Mehl auf eine Arbeitsfläche häufen und eine Vertiefung in die Mitte drücken. Den Hefeansatz mit restlicher Milch und Salz hineingeben. Nach und nach mit dem Mehl binden und etwa 2 Minuten zu einem glatten Teig kneten. Bei Bedarf noch etwas Milch oder Wasser einarbeiten.

Für die Füllung den Ricotta in einer Schüssel cremig rühren. Provolone, Pancetta, Ei und Salz unterrühren.

Den Teig halbieren und jeweils zu 30 cm großen Kreisen ausrollen. Neun 3–4 Esslöffel große Portionen der Ricottamasse in regelmäßigen Abständen auf eine Teigplatte setzen und mit der zweiten bedecken. Um die Füllung herum andrücken. Die Calzoncini mit einem Glas oder einer Ausstechform (7,5 cm Durchmesser) ausstechen und die Ränder noch mal gut andrücken. Die Calzoncini auf ein leicht bemehltes Tuch setzen und an einem warmen Ort mindestens 1 Stunde gehen lassen.

Einen großen, schweren Topf zur Hälfte mit Öl füllen und auf 180 °C erhitzen. Die Hälfte der *calzoncini* mit einem Schaumlöffel ins heiße Fett geben und 3–4 Minuten unter einmaligem Wenden goldbraun frittieren. Mit dem Schaumlöffel herausheben und auf einem mit Küchenpapier ausgelegten Teller abtropfen lassen. Das Öl wieder auf 180 °C erhitzen und die zweite Portion ebenso frittieren. Heiß servieren.

LASAGNE AI CARCIOFI

Lasagne mit Artischocken

Für die Béchamelsauce
- 3 EL Butter
- 3 EL Weizenmehl
- 1 Prise Salz
- 475 ml Milch

Für die Pasta
- 300 g italienisches Weizenmehl Type 00
- 3 Eier
- 2 EL Olivenöl

Für die Füllung
- 12 kleine oder 6 große Artischocken (oder 800 g in Wasser eingelegte Artischockenherzen aus der Dose, abgetropft)
- 80 g Butter
- 100 g frisch geriebener Parmesan
- 375 g Ricotta, abgetropft
- 110 g Kochschinken, gehackt
- 150 g Schlagsahne
- Salz und Pfeffer

Vorbereitungszeit: 1 Stunde
Kochzeit: 1 Stunde 45 Minuten
Für 8 Personen

Für die Béchamelsauce die Butter in einem mittleren Topf zerlassen. Das Mehl mit dem Salz einstreuen und 2 Minuten unter Rühren anschwitzen. Die Milch in einem dünnen Strahl unter ständigem Rühren zugießen. Die Sauce unter Rühren zum Kochen bringen und 3–5 Minuten köcheln lassen, bis sie eingedickt ist und einen Löffelrücken überzieht. Abkühlen lassen.

Für die Pasta das Mehl auf eine Arbeitsfläche häufen und eine Vertiefung in die Mitte drücken. Die Eier hineingeben. Nach und nach etwas Mehl einarbeiten, dann 1 Esslöffel Öl zufügen und etwa 2 Minuten kneten, bis ein glatter, elastischer Teig entstanden ist. Den Teig in vier Portionen teilen und zu Scheiben flach drücken. In der größten Einstellung je zweimal durch die Nudelmaschine drehen, dann immer eine Stufe enger einstellen und zweimal durchdrehen, bis die Teigplatten durchscheinend sind. In 30 cm lange Platten schneiden. Alternativ die Teigstücke mit einem Teigroller ausrollen.

Salzwasser in einem großen Topf zum Kochen bringen. Das restliche Öl zufügen. Je 4–5 Teigplatten gleichzeitig 2–3 Minuten bissfest garen. Abtropfen lassen und auf einem Geschirrtuch trocknen.

Für die Füllung Wasser in einem großen Topf zum Kochen bringen. Sämtliche Blätter von den Artischocken entfernen und mit einem kleinen Gemüsemesser alle zähen, faserigen, dunklen Stellen von Boden und Stielansatz entfernen. Die Artischockenböden halbieren und mit einem Löffel das Heu abschaben. Die Artischockenböden einige Minuten im Wasser blanchieren, dann in kaltem Wasser abschrecken. (Dosenware muss nicht blanchiert werden). Gut abtropfen lassen.

2 Esslöffel Butter in einer Pfanne bei mittlerer bis starker Hitze zerlassen. Die Artischockenböden darin etwa 10 Minuten rundum goldbraun braten.

Inzwischen die Hälfte des Parmesans unter die Béchamelsauce ziehen. Ricotta, Schinken und Sahne glatt unterrühren. Salzen und pfeffern.

Den Backofen auf 180 °C vorheizen. Eine Auflaufform (23 cm x 33 cm) einfetten und auf ein Backblech setzen.

Den Boden der Form mit drei Teigplatten belegen. Die Hälfte der Ricottamischung darauf verstreichen. Mit drei Teigplatten bedecken. Die Artischockenböden darauf verteilen und mit drei weiteren Teigplatten bedecken. Die restliche Ricottamischung darauf verstreichen und mit den restlichen Teigplatten abdecken. Mit dem restlichen Parmesan bestreuen. Die restliche Butter in Würfel schneiden und auf der Lasagne verteilen. Mit Alufolie abdecken und im vorgeheizten Ofen 45 Minuten backen. Aus dem Ofen nehmen und vor dem Servieren 15 Minuten ruhen lassen.

ARTISCHOCKEN

Seite 131:
Mit dem königlichen Schloss von Caserta wollte man mit den Palästen in Paris, London und Madrid konkurrieren.

Artischocken sind die essbaren Blütendolden einer Distelart, die im Mittelmeerraum gedeiht und schon von den Griechen und Römern geschätzt wurde. Fast die Hälfte der weltweiten Artischockenproduktion stammt aus Süditalien. Dazu gehören auch einige besondere Sorten wie die kleine violette Anzio, die ovale Siena, die süße Mercury und die großen Chianti und King.

Eine weitere geschätzte Artischockensorte, die allerdings nur in Kampanien angebaut wird, ist die *cardofo capuanella*. Sie ist nach der Stadt Capua in der Provinz Caserta benannt, die bekannt für den Artischockenanbau ist. Capuanella-Artischocken werden im zeitigen Frühjahr geerntet. Die Sorte ist von mittlerer Größe und leuchtend grün, kommt aber auch in einem violetten Farbton vor. Die dichten, fest anliegenden Blätter schützen ein zartes Artischockenherz.

Capuanella-Artischocken werden traditionell über offenem Feuer geröstet oder langsam in einem Topf gedämpft und dann auf heiße Kohlen gelegt. Artischocken werden vor dem Garen oft einfach nur mit Olivenöl, Petersilie und Knoblauch gewürzt, und der intensive Duft der Zutaten ist in den Dörfern und Städten von Caserta weithin zu riechen. Um an die köstlichen feinen Artischockenböden zu kommen, müssen die Dolden geputzt werden, eine aufwendige, aber lohnende Arbeit. Aber auch die Blätter enthalten ein nussiges, saftiges Fleisch an der Basis.

Als leckere, fleischlose Füllung für Lasagne (Seite 128), gefüllt mit Mozzarella und im Ofen gebacken, als Crostini- oder Pizzabelag sind Artischocken sehr vielseitig, aber immer ungewöhnlich und elegant. In ganz Italien werden Artischocken oft gebraten, gefüllt, mariniert oder als Antipasto in Öl serviert.

Grüne oder violette Artischocken der Sorte Capuanella sind typisch für die Region.

CHITARRA CON ZUCCA E MAZZANCOLLE

Chitarra-Pasta mit Kürbis und Garnelen

Vorbereitungszeit: 30 Minuten
Kochzeit: 30 Minuten
Für 6 Personen

- 400 g Kürbis, geschält
- 50 ml Olivenöl
- 1 Knoblauchzehe, abgezogen, aber im Ganzen
- 700 g Garnelen in der Schale
- 50 ml trockener Weißwein
- 1 EL rosa Pfefferkörner
- 500 g Spaghetti alla chitarra
- Salz
- 2 EL frisch gehackte Petersilie

Das Kürbisfleisch in lange, feine Streifen wie Spaghetti schneiden.

Das Öl in einer großen Pfanne erhitzen. Den Knoblauch darin anbräunen, wieder herausnehmen und entsorgen. Die Kürbis-Spaghetti ins Knoblauchöl geben und bei starker Hitze 5 Minuten unter Rühren braten. Die Garnelen zugeben und 5 Minuten unter gelegentlichem Rühren braten. Mit dem Wein ablöschen und verkochen lassen. Die Hitze reduzieren und die Pfefferkörner zugeben.

Inzwischen die Spaghetti in einem großen Topf Salzwasser bissfest garen.

Die Pasta abtropfen lassen und unter die Kürbismischung heben. In eine vorgewärmte Servierschale füllen. Mit der Petersilie bestreuen und sofort servieren.

FRIARIELLI

Wem bei Kampanien die Zitronenhaine auf steilen Terrassen in den Sinn kommen, der muss auch an leuchtend grüne *friarielli*-Felder denken. *Friarielli* ist wie der Stängelkohl *cima di rapa* ein Brassica-Gemüse (Kohlgemüse) aus der Familie der Kreuzblütler. Sein Name bedeutet wörtlich übersetzt „Rübstiel", der in ähnlicher Form auch in manchen deutschen Gegenden erhältlich ist. In Italien ist *friarielli* weit verbreitet und wird für seinen leicht bitteren, nussigen Geschmack sehr geschätzt.

Leuchtende grüne *friarielli* an einem Marktstand in Kampanien.

Essbar sind die zarten grünen Blätter mit grünen Blütenständen, die aussehen wie kleine Brokkoli, aus denen sich zarte goldgelbe Blüten entwickeln. *Friarielli* lässt sich einfach anbauen und ist ein günstiges Gemüse. Typischerweise wird das Gemüse als Beilage für Schweinefleisch (gerne zu *salsiccia*) serviert und dafür kurz in Olivenöl, Knoblauch, 1 Prise Chili geschwenkt und mit Salz und Pfeffer abgeschmeckt. Und natürlich kommt *friarielli* auch als Belag auf Pizza, wird unter Pasta gemischt oder als geschmackliches Gegengewicht zu Büffelmozzarella oder gerilltem Scamorza-Käse serviert.

Seite 138–139:
Längliche tiefviolette Auberginen wachsen im kampanischen Sommer in Hülle und Fülle.

FRIARIELLI
PAESANI
5: FASCI
2 :EURO

SPEZZATINO DI MAIALE

Schweinefleisch-pfanne

Vorbereitungszeit: 20 Minuten + 2 Stunden Marinierzeit
Kochzeit: 20 Minuten
Für 6 Personen

- 1 kg nicht allzu mageres Schweinefleisch zum Kurzbraten, gewürfelt
- Salz und Pfeffer
- 2 EL frisch gehacktes Fenchelgrün
- 2–3 EL Olivenöl
- 100 g Pancetta, gewürfelt
- 4 große eingelegte Peperoni, in feinen Streifen

Das Schweinefleisch in eine Schüssel geben. Mit Salz und Pfeffer würzen und das Fenchelgrün untermengen. Abgedeckt 2 Stunden ziehen lassen.

Das Öl in einem Topf erhitzen. Pancetta und Schweinefleisch darin bei mittlerer bis starker Hitze langsam unter häufigem Rühren 10 Minuten anbräunen. Die Peperoni zufügen und unter häufigem Rühren einige Minuten garen. In eine Servierschüssel füllen und sofort servieren.

CASERTA-SCHWEINE

Das schwarze Schwein aus Caserta ist eine sehr alte, seltene Rasse, die sich bis in die Zeit von Pompeji und Herculaneum zurückverfolgen lässt und schon immer in der Region beliebt war. Erst Mitte des 20. Jahrhunderts kam es dazu, dass importiertes Schweinefleisch günstiger wurde als das der Casertano-Rasse. Die robusten schwarzen Landschweine leben wild und halbwild in den Wäldern von Caserta, sind aber auch noch in der Provinz Benevento anzutreffen. Mittlerweile gibt es einen von zehn Züchtern gegründeten Erzeugerverband für Caserta-Schweinefleisch.

Das Caserta-Schwein ist weniger behaart als andere Landschweinerassen und wird deshalb auch schon mal *pelatello*, „kleiner Kahlkopf", genannt.

Die Schweine entstanden aus Kreuzungen von Wildschweinen aus Avellino, Benevento, Caserta und Salerno mit der spanischen Rasse *pata negra*. Charakteristisch für die Rasse sind die dunkle Farbe, die kurzen, schlanken Läufe und die spärliche Behaarung. Auffallend sind auch die beiden Hautlappen am Hals, *bargigli*.

Die Schweine setzen gut an und entwickeln ein schön marmoriertes Fleisch mit erdigen Aromen. Die Caserta-Schweine liefern einen ausgezeichneten Speck bzw. Schmalz, der oft für die Zubereitung von Pizzateig oder *casatiello rustico* (Seite 207), ein traditionelles Osterbrot mit reichlich Schmalz, genutzt wird. Ihr Fleisch wird gerne für die Herstellung von *salsiccia*, anderen Würsten und Schinken oder als Bratenstücke verwendet.

Erwähnenswert sind zwei regionale Delikatessen, die aus dem Fleisch von Caserta-Schweinen produziert werden: *salame di maiale nero casertano* (Salami vom Caserta-Schwein) und diverse andere Würste mit Gewürzen und Weißwein sowie eine Spezialität aus der Provinz Benevento: *prosciutto di Pietraroja*. Der magere Schinken hat eine tiefrote Farbe, während das Fett hell glänzt. Herstellungsverfahren und Schinken sind sehr selten, zumal in den 1990ern der *prosciutto di Pietraroja* nur noch von einem einzigen Betrieb hergestellt wurde.

TORTANO DEL MATESE

Vorbereitungszeit: 30 Minuten + 45 Minuten Gehzeit
Kochzeit: 1 Stunde
Für 10–12 Personen

Gefülltes Osterbrot

Für den Teig

- 2 Päckchen Trockenbackhefe
- 1 TL Zucker
- 300 ml lauwarmes Wasser
- 1 kg Weizenmehl
- 1¾ TL Salz
- 200 g weiches Schmalz oder Butter

Für die Füllung

- 100 g Salami, in feinen Scheiben
- 100 g Mortadella, in feinen Scheiben
- 500 g Scarmorza-Käse oder frischer Mozzarella, in feinen Scheiben
- 100 g frisch geriebener Pecorino
- Pfeffer

- Olivenöl, zum Einfetten

Für den Teig die Hefe mit Zucker, etwas Wasser und 2 Esslöffeln Mehl zu einer Paste anrühren. Abgedeckt 10–15 Minuten quellen lassen.

Das restliche Mehl auf eine Arbeitsfläche häufen und eine Vertiefung in die Mitte drücken. Salz und restliches Wasser hineingeben und rühren, bis das Salz sich aufgelöst hat. Schmalz, Hefeansatz und etwas Wasser hineingeben und alles 3–5 Minuten zu einem glatten, elastischen Teig kneten. Alternativ den Teig in der Küchenmaschine zubereiten.

Zum Füllen den Teig in ein 18 cm x 12 cm großes und 1 cm dickes Rechteck ausrollen. Salami, Mortadella und Scarmorza überlappend und abwechselnd mit dem Pecorino und 1 Prise Pfeffer darauflegen. Dabei rundum einen 3 cm breiten Rand lassen. Die Teigplatte aufrollen und mit dem Saum nach unten auf ein mit Backpapier belegtes Backblech legen. Abgedeckt an einem warmen Ort 30 Minuten gehen lassen.

Inzwischen den Backofen auf 190 °C vorheizen. Die Teigrolle mit Öl bestreichen und im vorgeheizten Ofen 1 Stunde backen. Aus dem Ofen nehmen und 10 Minuten ruhen lassen. Den *tortano* mit einem Sägemesser in Scheiben schneiden. Warm oder kalt servieren.

CANASCIONE

Brottorte mit Käse-Salami-Füllung

Für den Teig

- 1 Päckchen Trockenbackhefe
- 1 TL Zucker
- lauwarmes Wasser
- 250 g italienisches Weizenmehl Type 00
- 2 EL Olivenöl
- ½ TL Salz

Für die Füllung

- 3 Eier
- 100 g klein gewürfelter Caciotta-Käse oder geriebener gereifter Provolone
- 80 g Salami, gehackt
- Pfeffer

- 1 Ei, verquirlt

Canascione, auch als *pizza chiena* oder „gefüllte Pizza" bekannt, gibt es mit diversen, mehr oder weniger üppigen Füllungen. Das folgende Rezept ist die klassische Variante mit Ei, Käse und Salami.

Vorbereitungszeit: 25 Minuten +
1 Stunde 15 Minuten Gehzeit
Kochzeit: 30 Minuten
Für 6–8 Personen

Für den Teig die Hefe mit Zucker und etwas Wasser in einer Schale anrühren und 10–15 Minuten quellen lassen.

Das Mehl auf eine Arbeitsfläche häufen und eine Vertiefung in die Mitte drücken. Hefeansatz, Öl, Salz und noch etwas warmes Wasser hineingeben und alles zu einem glatten, elastischen Teig verkneten. Zu einer Kugel formen und mit einem sauberen Tuch abgedeckt 1 Stunde an einem warmen Ort gehen lassen.

Für die Füllung die Eier in einer Schüssel verquirlen. Käse und Salami unterrühren. Mit Pfeffer würzen.

Den Backofen auf 200 °C vorheizen. Eine Backform (24–28 cm Durchmesser) einfetten.

Den Teig in zwei Portionen teilen, wovon eine etwas größer sein sollte als die andere. Das größere Stück zu einem 30 cm großen Kreis ausrollen und Boden und Rand der Form damit auskleiden. Überstehenden Teigrand abschneiden. Die Füllung auf dem Teigboden verteilen. Den restlichen Teig zu einem 28 cm großen Kreis ausrollen und auf die Füllung legen. Überstehenden Teig abschneiden und am Rand andrücken. Die Oberfläche mit verquirltem Ei bestreichen und mit einem Holzspieß mehrmals einstechen. Im vorgeheizten Ofen 25–30 Minuten backen. Warm servieren.

III

SALERNO UND DIE AMALFIKÜSTE

SALERNO UND DIE AMALFIKÜSTE

Die pittoreske, zerklüftete Küste von Amalfi ist einfach einzigartig. Atemberaubend schöne Strände gesäumt von steilen Klippen wechseln sich mit bunten Häfen, idyllischen Orten und Buchten ab. Dörfer, Weingärten und Terrassen scheinen direkt aus den Felsen zu wachsen. Die knapp 50 Kilometer lange, kurvige, schmale und zuweilen gefährliche Küstenstraße von Sorrent nach Amalfi, die Amalfitana, führt den Besucher durch berühmte, malerische Ferienorte.

Seite 148:
Im kristallklaren Wasser an der Amalfiküste ist Baden das reinste Vergnügen.

Touristisch interessant sind auch die vielen mittelalterlichen Wachtürme entlang der Küste sowie die ausgezeichneten Wander- und Wassersportmöglichkeiten. Eine Zeit lang war die Region auch beliebtes Rückzugsgebiet für berühmte Künstler wie Richard Wagner, Gore Vidal oder Pablo Picasso. Die Küche entlang der Küste wird natürlich von Fisch und Meeresfrüchten dominiert, die gerne mit hausgemachter Pasta serviert, aber auch frittiert werden, wie in *fritto misto* mit Tintenfisch und Garnelen.

Der bekannteste, glamouröseste Ort an der Amalfiküste ist Positano. Hoch über dem Meer kann man in den verkehrsberuhigten engen, steilen Gassen flanieren oder über Treppen an den Strand hinuntersteigen. Das ruhige, zuweilen einsame Positano ist ideal, um sich am Strand zu entspannen, zu essen und die Landschaft zu bewundern, die von den mediterran farbenfrohen weißen, rosa und gelben Häusern durchbrochen wird. Positano ist – wie auch das kleine Küstendorf Vietri sul Mare – bekannt für seine große, seit dem 15. Jahrhundert bestehende Keramiktradition. Typisch für die Keramikwaren aus dem mineralienreichen Ton Kampaniens sind die leuchtenden Glasuren in den Farben der Küste Gelb, Blau und Grün.

Die Amalfiküste erstreckt sich über knapp 50 Kilometer und ist bekannt für ihr warmes, klares Wasser, das Touristen aus Italien und aus dem Ausland gleichermaßen anzieht.

Auch das ruhige Ravello ist für seine Töpferarbeiten bekannt, liegt aber nicht nicht direkt am Meer, sondern thront hoch oben auf einem Felsen. Bei einem lohnen-

JOSVA
CALEB
ceramica
artistica
pinto

Keramikkacheln zieren Wände und Böden dieses Gebäudes in Vietri sul Mare.

den Besuch kann man die schönen Anwesen und Gärten bewundern, aber auch die Villa Rufolo, ein Bauwerk im maurisch-normannischen Stil aus dem 13. Jahrhundert, oder die Villa Cimbrone, die spektakuläre Ausblicke und eine prachtvolle Gartenanlage bietet.

Die Stadt Amalfi war früher eine Seerepublik, die im 10. und 11. Jahrhundert sogar mit Venedig konkurrierte. Amalfi kontrollierte den Seehandel mit Gewürzen, Duftölen, kostbaren Stoffen und Teppichen im ganzen Mittelmeerraum bis nach Byzanz und war zu dieser Zeit so bedeutend, dass es ein eigenes See- und Münzrecht hatte. Neben seiner Handelsflotte war Amalfi im 12. Jahrhundert auch für die Produktion von *bambagina*, dickem handgeschöpftem Papier, bekannt. Infolge einer tödlichen Seuche und einer Flutkatastrophe verlor Amalfi im 14. Jahrhundert an Bedeutung und Einfluss in Süditalien und wurde erst im 19. Jahrhundert wieder als Touristenziel entdeckt.

Salerno, nach Neapel zweitwichtigster Hafen in Kampanien, liegt eingerahmt von Bergen am östlichen Ende der Amalfitana. Ganzer Stolz ist die mittelalterliche Altstadt und die Kathedrale, die im Zweiten Weltkrieg fast unbeschädigt blieb. Lungomare Trieste, ist, wie der Name besagt, eine Küstenpromenade am Golf von Salerno, die in den 1950er-Jahren angelegt wurde. Im 16. Jahrhundert war Salerno ein bedeutendes kulturelles Zentrum. Der wirtschaftliche Schwerpunkt der Stadt, die bis ins 18. Jahrhundert unter spanischer Herrschaft stand, war die Textilproduktion.

Die beschauliche Küste von Cilento, ebenfalls in der Provinz Salerno, begeistert mit kristallklarem Wasser und einem Nationalpark. Der hervorragende Boden von Cilento bringt ausgezeichnete Weine, *mozzarella di bufala* und Olivenöl hervor. Die griechischen Tempel von Paestum in den Bergen von Cilento stammen aus dem 6. Jahrhundert v. Chr. und wurden erst im 18. Jahrhundert entdeckt. Sie gehören zu den am besten erhaltenen Tempeln in ganz Europa.

Seite 154–155:
So manch eine Bucht an der felsigen Küste von Amalfi ist nur mit dem Boot zu erreichen.

COZZE GRATINATE

Gratinierte Muscheln

- 1,5 kg Miesmuscheln, küchenfertig
- 250 g Semmelbrösel
- 100 ml Olivenöl, plus etwas mehr zum Einfetten
- 2 Knoblauchzehen, fein gehackt
- 2 EL Kapern, fein gehackt
- 2 EL frisch gehackte Petersilie
- Salz und Pfeffer

Vorbereitungszeit: 45 Minuten
Kochzeit: 30 Minuten
Für 4–6 Personen

Den Backofen auf 190 °C vorheizen.

Wasser 2,5 cm hoch in einen Topf mit passendem Dämpfeinsatz füllen und zum Kochen bringen. Die Muscheln in den Einsatz geben und 2 Minuten bei aufgesetztem Deckel dämpfen, bis sie sich geöffnet haben. Muscheln, die sich nicht öffnen, aussortieren. Ein großes Sieb auf eine Schüssel setzen. Die Muscheln darin abgießen. Muscheln und aufgefangenen Sud beiseitestellen.

Die Semmelbrösel in einer Schüssel mit Olivenöl, Knoblauch, Kapern und Petersilie sorgfältig vermengen. Mit Salz und Pfeffer würzen. So viel Muschelsud einarbeiten, dass die Zutaten gebunden werden.

Die leeren Schalenhälften abbrechen und entsorgen. Die Muscheln in ihrer Schalenhälfte in eine große, gefettete Auflaufform setzen und die Semmelbröselmischung darauf verteilen. Im vorgeheizten Ofen etwa 5 Minuten goldbraun gratinieren. Sofort servieren.

MARONEN

Seite 158:
Schroffe Felsen und knorrige Wurzeln hoch über dem Meer.

Seite 159:
Die Steilküste wird durch kleine Gartenterrassen gestützt, auf denen Gemüse angebaut wird.

Castagne, Esskastanien, waren in vergangenen Zeiten sehr wichtig für das Überleben in den Bergregionen Kampaniens. Maronen werden in der Regel von Oktober bis Dezember geerntet, auf Speichern oder in Scheunen getrocknet und dann geröstet oder gekocht. Sie sind eine vielseitige Zutat, die zu Mehl oder einer Creme verarbeitet und frisch oder getrocknet verzehrt werden kann.

Die Maronen von Avellino werden wegen ihres hohen Stärkegehalts, der schönen hellen Farbe und ihrer Süße besonders geschätzt. Traditionell werden sie als Beilage zu Wildschweinbraten gereicht oder als Mehl in einem Maronenkuchen verbacken. Am berühmtesten sind aber die Maronen aus der Provinz Salerno, insbesondere aus Cilento. Sie haben eine geschützte geografische Angabe (IGP), das heißt, die Maronen müssen sich in mindestens einem Produktionsschritt auf ihren geografischen Ursprung zurückverfolgen lassen. Allgegenwärtig sind Maronen in Sorrent, sowohl in Restaurants als auch in Privatküchen. Sie sind eine typische Herbstzutat, und ihr feines Aroma passt gut zu kräftigeren Gerichten wie die Maronen-Kürbis- oder Maronen-Gemüse-Suppe. Auch werden sie mit Steinpilzen und hausgemachter Pasta kombiniert.

Geröstete Maroni sind ein traditionelles Weihnachtsvergnügen und können kandiert und glasiert – *marrons glacés* sind eine Spezialität aus Frankreich, die schon im 16. Jahrhundert beliebt war – oder in Weihnachtsplätzchen verbacken werden. Das Schälen und Häuten ist zwar eine mühselige Arbeit, die aber durch Duft und Geschmack der Maronen entlohnt wird.

Im Herbst gibt es in den Bergdörfern hoch über der Amalfiküste reichlich Maronen. Jedes Jahr findet deshalb auch in dem Städtchen Scala die *festa della castagna*, das Maronenfest, statt.

ZUPPA DI CASTAGNE E LEGUMI

Maronen-Gemüse-Suppe

- 100 g Perlgraupen
- 100 g Linsen
- 100 g getrocknete Erbsen
- 100 g getrocknete Cannellini-Bohnen
- 100 g getrocknete Kichererbsen
- 100 ml Olivenöl
- 1 Zwiebel, in feinen Streifen
- 1 Karotte, klein gewürfelt
- 1 Stange Sellerie, klein gewürfelt
- 1 Tomate, klein gewürfelt
- 1 Knoblauchzehe, abgezogen, aber im Ganzen
- 4 Salbeiblätter
- 1 Zweig frischer Rosmarin
- 400 g frische Maronen, geschält und gehäutet
- Salz und Pfeffer

Zum Servieren

- 6–8 Scheiben Brot, getoastet
- Olivenöl, zum Beträufeln
- frisch gehackte Chili (optional)

Diese Suppe ist typisch für die Gegend von Cilento und auch als *cicci marretati* bekannt. Sie hat einen hohen Energiegehalt und wurde deshalb früher oft als sättigender Hauptgang serviert.

Vorbereitungszeit: 40 Minuten + 12 Stunden Einweichzeit
Kochzeit: etwa 2 Stunden
Für 6–8 Personen

Graupen, Linsen, Erbsen, Bohnen und Kichererbsen jeweils in getrennten Schüsseln mit Wasser bedecken und 12 Stunden einweichen. Dann die Hülsenfrüchte abtropfen lassen.

Das Öl in einem großen Topf erhitzen. Zwiebel, Karotte, Sellerie, Tomate und Knoblauchzehe darin weich andünsten. Die Hülsenfrüchte zugeben und so viel kaltes Wasser aufgießen, dass die Zutaten bedeckt sind. Salbei und Rosmarin zufügen. Bei aufgesetztem Deckel 45 Minuten köcheln lassen.

Die Maronen zugeben und unter gelegentlichem Rühren weitere 45 Minuten garen, bis alle Zutaten weich sind. Mit Salz und Pfeffer abschmecken.

Zum Servieren die Brotscheiben in Suppenteller legen und die Suppe darübergießen. Mit Olivenöl beträufeln und, falls verwendet, mit Chili bestreuen.

CUPOLA DI SPAGHETTI

Vorbereitungszeit: 40 Minuten
Kochzeit: 45 Minuten
Für 8 Personen

Den Backofen auf 190 °C vorheizen. Ein Backblech mit Alufolie belegen und eine Springform (26 cm Durchmesser) mit Butter einfetten.

Die Spaghetti in einem großen Topf Salzwasser halb gar kochen. Das Wasser abgießen. Die Pasta abtropfen lassen und mit 4 Esslöffeln Butter, Parmesan und Caciocavallo vermengen.

Inzwischen Bohnen und Karotten in separaten Töpfen knackig gar kochen. Abtropfen lassen und je mit 1 Esslöffel Butter vermengen. Salzen und pfeffern. In eine Schüssel füllen.

Die restliche Butter in einer kleinen Pfanne zerlassen. Die Zucchini darin knackig gar schwenken. Salzen und pfeffern. Zum anderen Gemüse in die Schüssel geben.

Zwei Drittel der Spaghettimischung spiralförmig von der Mitte aus auf den Boden der vorbereiteten Spring form legen. Die restlichen Spaghetti mit Eiern und Gemüse vermengen und über die Spaghettispirale in der Form geben. Mit Alufolie abdecken. Die Form auf das vorbereitete Blech setzen und im vorgeheizten Ofen 20 Minuten backen.

Aus dem Ofen nehmen und 5 Minuten stehen lassen. Dann aus der Form lösen und auf eine ofenfeste Platte setzen. Die Oberfläche mit den Käsescheiben belegen und im heißen Ofen backen, bis der Käse geschmolzen ist. Sofort servieren.

Spaghettiauflauf

- 100 g Butter
- 350 g Spaghetti
- 40 g frisch geriebener Parmesan
- 2 EL frisch geriebener Caciocavallo-Käse oder Provolone
- 100 g grüne Bohnen, in 2,5 cm langen Stücken
- 100 g Karotten, klein gewürfelt
- Salz und Pfeffer
- 100 g Zucchini, klein gewürfelt
- 2 Eier, leicht verquirlt
- 100 g milder Provolone, in feinen Scheiben

CACIOCAVALLO

Caciocavallo ist ein aus dem Apennin stammender blassgelber Kuhmilchkäse, der traditionell in der Provinz Avellino produziert wird. Er ist frisch, gereift oder geräuchert erhältlich. Diese sehr alte Käsesorte wird vermutlich schon seit dem 14. Jahrhundert in Italien hergestellt und auch heute noch in Birnenform zum Reifen paarweise über einen Balken gehängt. Das erinnerte an zwei Satteltaschen zu beiden Seiten eines Pferderückens, wodurch sich auch der Name des Käses, wörtlich übersetzt „Pferdekäse", erklären würde. Caciocavallo leitet sich vielleicht aber auch vom lateinischen Wort *cascabellus* („Schlittenschelle", „Rassel") ab.

Caciocavallo ist eine *pasta filata*, also ein Brühkäse, bei dem der Käsebruch mit heißem Wasser überbrüht und durch Kneten und Ziehen in Form gebracht wird. Nach dem Abkühlen in kaltem Wasser wird der geformte Käse in Salzlake gelegt und dann an Balken getrocknet. Caciocavallo reift mindestens zwei Wochen bei konstanter Feuchtigkeit in Kühlräumen. Je länger er reift, desto salziger, kräftiger und komplexer schmeckt er.

Er hat eine weiche, elastische Textur mit einer harten, zum Verzehr geeigneten Rinde.

Es existieren diverse Varianten von Caciocavallo, abhängig von der Rinderrasse (wie Podolico oder Godrano), deren Milch zur Käseherstellung verwendet wird.

Seite 162:
Mit einem Kajak lassen sich die vielen verborgenen Buchten und Grotten der Küste sehr gut ansteuern und erkunden.

Seite 163:
Die Monti lattari (Milchberge) erstrecken sich zwischen dem Golf von Neapel und Salerno und ergießen sich bis ins Mittelmeer.

Caciocavallo eignet sich durch seine Textur und seinen Geschmack ideal als Ersatz für Provolone oder sogar Parmesan.

MELANZANE ALLA PARMIGIANA

Vorbereitungszeit: 1 Stunde 35 Minuten
Kochzeit: 1 Stunde 30 Minuten
Für 6 Personen

Die Auberginen längs in 5 mm dicke Scheiben schneiden. In eine Schüssel schichten und mit Salz bestreuen. Beschweren und 1 Stunde ziehen lassen.

Wasser in einem kleinen Topf zum Kochen bringen. Die Tomatenhaut an der Unterseite kreuzweise einschneiden und 1–2 Minuten ins heiße Wasser tauchen, bis sich die Haut an den Einschnitten leicht aufrollt. Unter fließend kaltem Wasser abschrecken. Die Tomaten häuten und entkernen. Das Fruchtfleisch hacken. In einem feinen Sieb abtropfen lassen. Die Tomatenwürfel mit ein paar Basilikumblättern und etwas Salz und Pfeffer in einer Pfanne vermengen und bei starker Hitze 20 Minuten garen. Durch eine Passiermühle drehen.

Den Backofen auf 180 °C erhitzen.

Die Auberginenscheiben abspülen und sorgfältig trocknen. Das Öl in einer großen, hohen Pfanne erhitzen. Die Auberginen darin portionsweise von beiden Seiten goldbraun braten. Auf einem mit Küchenpapier belegten Teller abtropfen lassen.

Ein paar Esslöffel Tomatensauce auf dem Boden einer Auflaufform (32 cm x 26 cm) verstreichen. Mit einer Lage Auberginenscheiben bedecken. Mit etwas Parmesan bestreuen und mit einigen Mozzarellascheiben belegen. Etwas Basilikum darauf verteilen und mit 3–4 Esslöffeln verquirltem Ei beträufeln. Die Zutaten in der beschriebenen Reihenfolge weiter in die Form schichten, dabei mit Tomatensauce enden. Die Butter in Flöckchen darauf verteilen. Im vorgeheizten Ofen 30 Minuten backen. Sofort servieren.

Auberginen in Tomatensauce

- 4–5 Auberginen
- Salz
- 500 g San-Marzano-Tomaten
- Basilikumblätter
- Pfeffer
- 500 ml Olivenöl
- 60 g frisch geriebener Parmesan
- 100 g Mozzarella, in Scheiben
- 2 Eier, verquirlt
- 1½ EL Butter

CANNELLONI ALLA SORRENTINA

Cannelloni nach Sorrenter Art

- 6 längs geschnittene Auberginenscheiben (5 mm dick)
- Salz
- 250 g Fior-di-Latte-Mozzarella
- 2 rote Paprika
- 12 quadratische Teigplatten (8–10 cm Seitenlänge; siehe Rezept *Ravioli Capresi*, Seite 60)
- Öl, zum Beträufeln
- 1 EL Butter
- Basilikumblätter
- schwarzer Pfeffer
- 50 g frisch geriebener Parmesan oder Pecorino
- 200 ml passierte Tomaten
- Basilikumblätter, zum Garnieren

Vorbereitungszeit: 2 Stunden
Kochzeit: 1 Stunde 20 Minuten
Für 6 Personen

Die Auberginenscheiben in eine Schüssel geben und mit Salz bestreuen. Beschweren und 1 Stunde ziehen lassen.

Den Mozzarella abtropfen und in Scheiben schneiden. Den Backofen auf 200 °C vorheizen.

Die Paprika im vorgeheizten Ofen 30 Minuten rösten, dabei nach 15 Minuten wenden. Herausnehmen und etwas abkühlen lassen. Die Ofentemperatur auf 180 °C reduzieren. Die Paprika häuten und entkernen. In Streifen schneiden und auf Küchenpapier abtropfen lassen.

Inzwischen die Teigplatten wie auf Seite 60 beschrieben in kochendem Salzwasser vorgaren. In kaltem Wasser abschrecken, abtropfen und 15 Minuten abkühlen lassen.

Die Auberginenscheiben abspülen und sorgfältig trocknen. Den Boden einer flachen Auflaufform mit etwas Öl beträufeln und die Auberginenscheiben darauflegen. Mit weiterem Öl beträufeln. Im heißen Ofen garen, bis sie auf beiden Seiten gebräunt sind. Aus dem Ofen nehmen und längs halbieren. Den Ofen nicht ausschalten.

Eine Auflaufform mit Butter einfetten. Auberginen, Paprika, Mozzarella und Basilikum auf die 12 Teigplatten aufteilen. Salzen und pfeffern. Mit dem Parmesan bestreuen. Die Teigplatten aufrollen und mit der Naht nach unten nebeneinander in die Form legen. Mit den passierten Tomaten überziehen und die Butter in Flöckchen darauf verteilen. Im vorgeheizten Ofen 20 Minuten backen. Aus dem Ofen nehmen und vor dem Servieren 5–10 Minuten ruhen lassen. Mit Basilikumblättern garniert servieren.

Lido di Ravello
dal 1959

KALMAR

Seite 174:
Viele Strände sind über lange Treppen, die in den Felsen geschlagen sind, erreichbar.

Seite 175:
Strandurlauber bei einer kleinen Pause auf einer schattigen Terrasse.

Die kampanische Küche ist, insbesondere in küstennahen Gegenden wie Sorrent oder der Amalfiküste, berühmt für ihre Fisch- und Meeresfrüchtegerichte. Viele Hafenstädtchen haben eine lange Fischertradition, bei der alte Techniken und Fangmethoden immer noch zur Anwendung kommen. Unter anderem werden auch Kalmare gefangen. Wie Oktopus und Sepien gehören auch Kalmare zur Klasse der Kopffüßer und besitzen einen Tintensack zum Schutz vor Feinden.

Vor der Zubereitung werden Kopf und Innereien entfernt; verwertet werden der kegelförmige Mantel sowie die Tentakel. Der Mantel kann gefüllt oder in Ringe geschnitten werden.

In Kampanien gibt es einige bekannte Spezialitäten mit Kalmar wie *totani alla sorrentina* (Seite 178) – mit Mozzarella und Caciocavallo gefüllter Kalmar, der in einer einfachen Tomatensauce gegart wird. *Pasta con i calamari* ist Pasta mit Kalmarringen in Tomaten-Wein-Sauce. *Risotto alla pescatora*, Reis auf Seemannsart, wird mit Muscheln, Kalmar und Garnelen und einem köstlichen Fischfond zubereitet.

Eines der beliebtesten Kalmargerichte sind frittierte Calamari, für die Kalmarmäntel in feine Ringe geschnitten, paniert, in heißem Fett ausgebacken und mit Zitrone beträufelt serviert werden. Der Neapolitaner Meeresfrüchtesalat *insalata di mare* – bestehend aus Kalmar, Garnelen, Oktopus, Zitrone und Petersilie – wird oft an Heiligabend als Teil der *Vigilia di Natale*, einer süditalienischen Tradition, serviert. Dazu gehören häufig auch frittierte Calamari.

Für das traditionelle Meeresfrüchtegericht *risotto alla pescatora* werden gerne auch Kalmare verwendet.

TOTANI ALLA SORRENTINA

Tintenfisch nach Sorrenter Art

Vorbereitungszeit: 40 Minuten
Kochzeit: 1 Stunde 10 Minuten
Für 6 Personen

- 20 San-Marzano-Tomaten
- 2 Eier
- 300 g Mozzarella, klein gewürfelt
- 30 g frisch geriebener Caciocavallo oder Parmesan
- 8 EL Semmelbrösel
- 1¼ TL Chiliflocken
- Salz und schwarzer Pfeffer
- 1,8 kg Kalmare, küchenfertig
- 100 ml Olivenöl
- 1 Knoblauchzehe, abgezogen
- 2 EL frisch gehackte Petersilie

Für die Tomatensauce Wasser in einem kleinen Topf zum Kochen bringen. Die Tomatenhaut auf der Unterseite kreuzweise einschneiden (nicht ins Fleisch schneiden) und 1–2 Minuten – je nach Reifegrad der Tomaten – ins heiße Wasser tauchen, bis sich die Haut an den Einschnitten leicht aufrollt. Unter fließend kaltem Wasser abschrecken. Die Tomaten häuten und entkernen. Das Fruchtfleisch hacken. In einem feinen Sieb abtropfen lassen.

Für die Füllung die Eier mit Mozzarella, Caciocavallo, Semmelbröseln, Chiliflocken und je 1 Prise Salz und Pfeffer vermengen.

Die Kalmarmäntel mit der Käsemischung füllen. Die Tentakel nach innen stecken, um die Mäntel zu schließen.

Das Öl in einer großen Pfanne erhitzen und die Knoblauchzehe darin anbräunen, dann entfernen und entsorgen. Petersilie und Tomatenwürfel in die Pfanne geben, mit etwas Salz würzen und 5 Minuten andünsten. Die Kalmare zugeben. Salzen und pfeffern. Mit aufgesetztem Deckel bei niedriger Hitze etwa 1 Stunde garen. Die Kalmare ganz oder in Scheiben geschnitten servieren.

TIELLA ALLA CILENTANA

Risotto nach Cilento-Art

Vorbereitungszeit: 45 Minuten
Kochzeit: 35–40 Minuten
Für 6–8 Personen

- 500 g Garnelen, ausgelöst, Schalen aufbewahrt
- 200 ml Wasser
- 1 Prise Safran
- 100 ml Olivenöl
- 1 weiße Zwiebel, in feinen Streifen
- 1 Stange Sellerie, klein gewürfelt
- 1 kg Seeteufel, in Würfeln
- 1 gelbe Paprika, in Streifen
- 250 g Erbsen
- 250 g geschälte Tomaten aus der Dose
- Salz
- 100 ml trockener Weißwein
- 250 g Carnaroli- oder Arborio-Reis
- 2 EL Butter
- 2 EL frisch gehackte Petersilie

Die Garnelenschalen mit dem Wasser in einen Topf geben und 45 Minuten bei aufgesetztem Deckel köcheln lassen. Passieren und beiseitestellen.

Den Safran mit je 1 Esslöffel heißem Wasser und Garnelensud in einer Schale auflösen.

Den Backofen auf 200 °C vorheizen.

Das Öl in einem Bräter erhitzen. Zwiebel und Sellerie darin 5 Minuten dünsten. Seeteufel und Garnelen zufügen und einige Minuten mitbraten. Paprika, Erbsen und Tomaten zugeben und salzen. Mit dem Wein ablöschen und weitere 10 Minuten garen. Den Reis mit dem Safranwasser zufügen. Bei aufgesetztem Deckel zum Kochen bringen. Den Bräter in den vorgeheizten Ofen schieben und 18 Minuten garen. Aus dem Ofen nehmen, die Butter in Flöckchen auf dem Reis verteilen und leicht rütteln. Mit Petersilie garnieren und sofort servieren.

MASSIMINO
CERAMICA
CERAMICA

INSALATA DI LIMONI DI SORRENTO

Zitronensalat nach Sorrenter Art

Vorbereitungszeit: 20 Minuten +
12 Stunden Marinierzeit
Für 4 Personen

- 3 unbehandelte Zitronen, heiß abgespült, in feinen Scheiben, entkernt
- 1 TL grobes Meersalz
- 1 große frische rote Chili, in feinen Ringen
- 2 EL Weißweinessig
- 4–5 EL Olivenöl
- 2 EL frisch gehackte Petersilie

Die Zitronenscheiben in einer Schüssel mit kaltem Wasser bedecken. Salz, und Essig zufügen. Abgedeckt 12 Stunden ziehen lassen, bis die Schale aufgeweicht ist.

Das Wasser abgießen und die Zitronen gut abtropfen lassen. In eine Schüssel geben und mit dem Olivenöl beträufeln. Bei Bedarf mit weiterem Salz und Essig abschmecken. Mit Petersilie bestreut servieren.

ZITRONEN

Hocharomatische, köstliche Zitronen aus Sorrent und von der Amalfiküste sind ein kulinarisches Aushängeschild Kampaniens. Die Früchte, die hervorragend auf dem fruchtbaren Boden gedeihen, haben eine traditionell große Bedeutung für den internationalen Handel sowie die regionale Landwirtschaft und Küche. Zitronen sind seit der Römerzeit in ganz Kampanien allgegenwärtig; beispielsweise sind sie auch auf Keramiken und Wandgemälden in Pompeji dargestellt.

Seite 182–183:
Viele Fassaden von Geschäften in Vietri sul Mare sind gefliest. Die Kacheln sind alle handbemalt.

Die *limone Costa d'Amalfi* gedeiht an der Amalfiküste und wird auch *sfusato amalfitano* genannt. Diese Sorte hat einen intensiven Duft, ebenso wie die Zitrone aus Sorrent, aber weniger Kerne, ausgeprägte Enden und einen hohen Vitamin-C-Gehalt. Üblicherweise werden die Zitronen spätestens zwei Tage nach der Ernte gewaschen und von Hand geschält, um ihr Aroma zu bewahren.

In der Provinz Sorrent ist man stolz auf die *limone di Sorrento* oder *ovale di Sorrento*. Sie sind größer, länglicher und saftiger als Amalfi-Zitronen und eignen sich auch zum Rohverzehr. Beide Sorten haben ein wunderbar duftendes Aroma und sind durch eine geografische Angabe geschützt, die vorschreibt, dass Zitronen dieses Namens in den Gebieten Amalfi bzw. Sorrent angebaut werden und nach traditionellen Vorgaben reifen müssen. Auf den Terrassen an den Steilhängen, die bis an die Küste herunterreichen, werden die Sorrenter Zitronen unter *pagliarelle*, Strohmatten, angebaut, die auf lange Holzstangen aufgelegt werden. Sie sollen die Baumkronen vor Witterungseinflüssen schützen und die Reifezeit verlängern. Diese hübschen Zitronenpergolen sind zu einem typischen, malerischen Teil der Landschaft von Sorrent geworden.

Aus beiden Zitronensorten wird unter anderem Limoncello hergestellt. Für diesen beliebten Zitronenlikör werden die Schalen mit Alkohol und einer

Zitronen gelangten vor Jahrhunderten über die großen Handelsrouten aus Asien an die Amalfiküste.

Zuckerlösung angesetzt, um die ätherischen Öle herauszulösen. Limoncello wird gerne und oft als Digestiv nach dem Essen kredenzt. Die Schale von kampanischen Zitronen wird auch für Neapolitaner *struffoli* (Seite 216), einem traditionellen Weihnachtsgebäck, oder für erfrischende Granitas verwendet, die in ganz Kampanien sehr beliebt sind. Die Zitronen eignen sich zum Kandieren und Aromatisieren diverser Desserts und Kuchen wie die Ostertorte *pastiera napoletana* (Seite 101) oder auch herzhafter Gerichte. Aus den Früchten lässt sich aber auch der Zitronensalat *insalata di limoni di Sorrento* zubereiten (Seite 185).

Geschäfte am Straßenrand verkaufen allerlei Zitronenerzeugnisse wie Limoncello, *crema di limoncello* oder Zitronen-Babà.

AL LIMONE
I Giardini di Ravello
TRASFORMAZIONE ARTIGIANALE
PRODOTTI LOCALI

PIZZA MARGHERITA

Vorbereitungszeit: 20 Minuten + 35 Minuten Gehzeit
Kochzeit: 20 Minuten
Ergibt 2 kleine Pizzas oder 1 große Pizza

Pizza Margherita

- 1 Portion Pizzateig (Seite 265)

Für den Belag

- 8 San-Marzano-Tomaten
- 1 Prise Salz
- Olivenöl, zum Beträufeln
- 250–300 g Mozzarella, in feinen Scheiben
- Basilikumblätter

Den Pizzateig wie auf Seite 265 beschrieben ausrollen und die Formen damit auskleiden. Mit einem sauberen Tuch bedecken und 20 Minuten gehen lassen.

Den Backofen auf 250 °C vorheizen.

Inzwischen für den Belag Wasser in einem kleinen Topf zum Kochen bringen. Die Tomatenhaut auf der Unterseite kreuzweise einschneiden (nicht ins Fleisch schneiden) und 1–2 Minuten – je nach Reifegrad der Tomaten – ins heiße Wasser tauchen, bis sich die Haut an den Einschnitten leicht aufrollt. Unter fließend kaltem Wasser abschrecken. Die Tomaten häuten und entkernen. Das Fruchtfleisch hacken. In einem feinen Sieb abtropfen lassen.

Die gehackten Tomaten gleichmäßig auf den Pizzaböden verteilen, dabei rundum einen 1 cm breiten Rand lassen. Mit Salz bestreuen, großzügig mit Öl beträufeln und im vorgeheizten Ofen 10 Minuten backen. Dann mit den Mozzarellascheiben und einigen Basilikumblättern belegen. Wieder in den Ofen schieben und 10–12 Minuten backen, bis der Rand gebräunt und knusprig ist. Sofort servieren.

SAN-MARZANO-TOMATEN

Die *pomodoro San Marzano dell'Agro Sarnese Nocerino* ist mit ihrer länglichen Form und dem leuchtenden Rot die berühmteste italienische Tomate, und dies aus vielen Gründen. Sie gedeiht hervorragend auf dem fruchtbaren Vulkanboden an den Hängen des Vesuvs, weshalb sie auch „Vesuvtomate" genannt wird. San-Marzano-Tomaten sind überaus süß, haben wenig Säure und ein festes Fruchtfleisch. Mit nur zwei Samenkammern (andere Sorten haben mindestens vier) haben sie einen umso höheren Fruchtfleischanteil sowie eine dünne Haut. Sie gehören zu den Flaschentomaten und eigenen sich sehr gut zum Kochen. Unter Experten gelten sie als die einzig zulässigen Tomaten für eine authentische Neapolitaner Pizza.

Der Rest der Welt kennt San-Marzano-Tomaten fast nur aus der Dose. Auf den regionalen Märkten werden sie jedoch auch frisch angeboten.

Tomaten werden seit der Renaissance in Italien angebaut, stammen ursprünglich aber aus Peru und Mexiko. Sie gelangten mit den Spaniern nach Europa und galten zunächst als reine Zierpflanzen. Die roten Früchte waren den Menschen unheimlich; man hielt sie für potenziell giftig und setzte sie allenfalls als Stimulans und Aphrodisiakum ein. Erst im 19. Jahrhundert erkannte man ihr großes kulinarisches Potenzial.

Die Erntezeit der San Marzano ist kurz und liegt im August und September. Da die Früchte sehr empfindlich sind, müssen sie von Hand geerntet werden. San-Marzano-Tomaten besitzen eine geschützte Herkunftsbezeichnung DOP; für den Anbau gelten strenge Richtlinien. Wegen des aufwendigen Anbaus und der mühsamen Ernte sind die Produktionskosten dieser tollen Tomaten relativ hoch.

PATATE SCELTE
€1.00
S. MARZANO
€1.60
CHILO

PIZZA CON INSALATA DI POMODORI

Vorbereitungszeit: 35 Minuten + 20 Minuten Gehzeit
Kochzeit: 30 Minuten
Ergibt 1 große Pizza

Ein Backblech mit Öl einfetten. Mit dem Teig auskleiden. Mit einem sauberen Tuch abdecken und 20 Minuten gehen lassen.

Für den Belag die Tomaten in einer Schüssel mit Basilikum, Oregano, Knoblauch, Salz und 3 Esslöffeln Öl vermengen. Mindestens 30 Minuten ziehen lassen.

Inzwischen den Backofen auf 230 °C vorheizen.

Den Tomatensalat abtropfen lassen und auf dem Teigboden verteilen. Mt dem restlichen Öl beträufeln und im vorgeheizten Ofen 25–30 Minuten goldbraun und knusprig backen.

Pizza mit Tomatensalat

- 1 Portion Pizzateig (Seite 265)

Für den Belag

- 10 San-Marzano-Tomaten, in 1 cm großen Stücken
- 4 EL frisch gehacktes Basilikum
- 2 EL frisch gehackter Oregano
- 2 Knoblauchzehen, fein gehackt
- 1 TL Salz
- 4 EL Olivenöl

PIZZA DI BACCALÀ

Klippfischpizza

- 500 g Klippfisch

Für den Teig

- 1 Päckchen Trockenbackhefe
- 50 g Zucker
- lauwarmes Wasser
- Salz
- 400 g italienisches Weizenmehl Type 00
- 125 g weiches Schmalz oder weiche Butter

Für die Füllung

- 4 EL Olivenöl
- 1 Knoblauchzehe, fein gehackt
- 800 g Endiviensalat, gewaschen, geputzt und in 1 cm dicken Streifen
- 70 g entsteinte schwarze Oliven
- 2 EL Kapern, abgespült
- 80 g Sardellenfilets, gehackt
- 2 EL frisch gehackte Petersilie

Vorbereitungszeit: 1 Stunde + 2 Stunden 15 Minuten Gehzeit + 24 Stunden Einweichzeit
Kochzeit: 1 Stunde
Für 10–12 Personen

Den Klippfisch in einer Schüssel Wasser im Kühlschrank 24 Stunden einweichen, dabei regelmäßig das Wasser erneuern. Dann den Klippfisch gut abtropfen lassen.

Die Hefe mit 1 Prise Zucker und etwas lauwarmem Wasser anrühren und 10–15 Minuten quellen lassen. Eine Prise Salz in einem Glas warmem Wasser auflösen.

Mehl, Hefeansatz, Schmalz und restlichen Zucker in der Schüssel der Küchenmaschine mischen. Nach und nach das Salzwasser einarbeiten und 5 Minuten kneten. Abgedeckt 2 Stunden bei Zimmertemperatur gehen lassen.

Den Backofen auf 190 °C vorheizen. Eine Backform (26 cm Ø) einfetten und mit Mehl ausstäuben.

Für die Füllung 3 Esslöffel Öl in einer großen Pfanne erhitzen. Knoblauch, Endivien, die Hälfte der Oliven und Kapern mit 100 ml Wasser darin bei mittlerer Hitze dünsten, bis die Flüssigkeit verdampft ist. Die Hälfte der Sardellen untermengen. Die Pfanne vom Herd nehmen.

Das restliche Öl in einer zweiten Pfanne erhitzen. Den Klippfisch mit den restlichen Kapern, Oliven und Sardellen darin 10 Minuten garen, bis der Fisch glasig ist. Die Petersilie untermischen und abkühlen lassen.

Den Teig kurz durchkneten, halbieren und zu 27 cm großen Kreisen ausrollen. Mit einer Teigplatte die vorbereitete Form auskleiden. Die Hälfte der Endivienmischung darauf verteilen. Den Klippfisch darübergeben und mit der restlichen Endivienmischung bedecken. Die zweite Teigplatte auflegen und die Ränder nach unten stecken. Im Ofen etwa 40 Minuten goldbraun backen.

SARDELLEN

Sardellen sind eine gängige Zutat in der kampanischen Küche. Die kleinen, eingelegten Fische sorgen für einen dezenten Umami-Geschmack, bereichern diverse regionale Spezialitäten aber auch um ein ausgeprägtes Aroma. Der herzhafte Geschmack von Sardellen zeigt sich besonders gut in *gonfietti* (Seite 38), ein leckeres Schmalzgebäck, für das der Teig mit gehackten Sardellen verfeinert wird.

Der Großteil der Sardellen stammt aus den Gewässern vor der Amalfiküste, wo die Fischer nach traditionellen Methoden vorgehen, um die Sardellen in ihre Netze zu bekommen. Für beste Qualität werden den Fischchen sofort nach dem Fang die Köpfe entfernt. Dann werden sie zum Entbluten und um sie für die Konservierung fester zu machen, gewässert bzw. auf Eis gelegt.

Einen hohen kulinarischen Stellenwert haben Sardellen, die mit der uralten, heute noch an der Cilento-Küste unweit von Salerno betriebenen *Menaica*-Technik gefangen werden. Im Frühjahr und Sommer fahren die Fischer nach Sonnenuntergang aufs Meer. Durch den Mondschein werden die Sardellen unter die Wasseroberfläche gelockt und mit speziellen Netzen gefangen. *Menaica*-Sardellen sind an ihrem hellrosa Fleisch zu erkennen.

Sobald die Sardellen gefangen sind, werden sie gesäubert und mit Meersalz in kleine Holzfässer gepackt und beschwert. Die Flüssigkeit, die sich dabei absetzt, wird aufgefangen und kühl gelagert. Daraus entsteht *colatura di alici*, eine klare, bernsteinfarbene Würzsauce mit vollem, intensivem Aroma, die zum Würzen von Gemüse wie Endivien oder Kartoffeln verwendet wird oder einfache Spaghetti mit Zitronenschale, Knoblauch und Petersilie perfekt abrundet.

Eine andere Konservierungsart ist, Sardellenfilets in Olivenöl oder Lake einzulegen. Sardellenfilets werden auch mit Öl und Salz vermahlen und als Sardellenpaste in Tubenform vermarktet.

Seite 198:
Häuser sind oft wie Schwalbennester in die steilen Klippen gebaut, sodass sie aussehen, als wären sie in den Felsen geschlagen.

Seite 199:
Gassen und Passagen bieten in den heißen Sommermonaten begehrte Schattenplätzchen.

Das kleine Fischerdorf Cetara hat eine lange Tradition im Sardellen- und Thunfischfang. Der Ort ist berühmt für die Produktion der italienischen Fischsauce, der *colatura di alici*.

PIZZA ALLA CAMPOFRANCO

Vorbereitungszeit: 30 Minuten + 1 Stunde 30 Minuten Gehzeit
Kochzeit: 45 Minuten
Für 6–8 Personen

Pizza nach Campofranco-Art

Für den Teig

- 2 Päckchen Trockenbackhefe
- ½ TL Zucker
- lauwarmes Wasser
- 400 g Weizenmehl
- Salz und Pfeffer
- 150 g weiches Schmalz oder weiche Butter
- 5 Eier

Für die Füllung

- 2 EL Olivenöl
- 1 kg San-Marzano-Tomaten aus der Dose, abgetropft und gehackt
- 1 Prise Salz
- 400 g Mozzarella, in feinen Scheiben
- 80 g frisch geriebener Parmesan
- 200 g Prosciutto, in feinen Scheiben
- 20 g frisch gehackte Basilikumblätter

Für den Teig die Hefe mit Zucker und etwas lauwarmem Wasser anrühren und 10–15 Minuten quellen lassen.

Das Mehl mit etwas Salz und Pfeffer in die Schüssel der Küchenmaschine geben. Mit dem Knethaken Schmalz, 4 verquirlte Eier und schließlich den Hefeansatz einarbeiten und alles etwa 5 Minuten zu einem glatten Teig kneten.

Eine runde Backform (24 cm Durchmesser) einfetten und mit Mehl ausstäuben.

Für die Füllung das Öl in einer Pfanne erhitzen. Die Tomaten mit dem Salz darin bei mittlerer Hitze 8–10 Minuten garen, bis die Flüssigkeit fast verkocht ist.

Den Teig noch einmal kurz durchkneten und in zwei Portionen teilen, wovon die eine etwas größer als die andere sein sollte. Den kleineren Teil zu einem 24 cm großen und den größeren Teil zu einem 30 cm großen Kreis ausrollen. Boden und Rand der vorbereiteten Form mit der größeren Teigscheibe auskleiden. Den Teigboden mit der Hälfte des Mozzarellas belegen und dann abwechselnd Parmesan, Tomaten, Prosciutto und Basilikum hineinschichten. Mit dem restlichen Mozzarella belegen. Die kleinere Teigscheibe darauflegen und am Rand andrücken. Abgedeckt 1 Stunde gehen lassen.

Inzwischen den Backofen auf 190 °C vorheizen. Den Teigdeckel mit dem restlichen verquirlten Ei bestreichen und im vorgeheizten Ofen etwa 45 Minuten goldbraun backen. Warm oder kalt servieren.

CACIORICOTTA

Cacioricotta ist ein junger Frischkäse, der im Cilento in der Provinz Salerno typischerweise aus Ziegenmilch hergestellt wird. Er hat ein leicht säuerliches, mildwürziges Aroma. Der Cilento ist sehr bekannt für seine Ziegen, insbesondere der Rasse Cilentana. Die Tiere grasen auf den Wiesen und Hängen, und die Aromen der Gräser und Wildkräuter des Cilento spiegeln sich im Aroma des Frischkäses wider.

Cacioricotta wird traditionell über Pasta gerieben.

Cacioricotta kann aber auch aus Kuh- oder Schafsmilch hergestellt werden. Der halbfeste Käse wird zu festen, zylindrischen Formen gepresst, schmeckt ähnlich wie ricotta salata und wird auf dieselbe Weise verwendet. Der Käse hat frisch ein recht mildes Aroma; oft lässt man ihn aber auch drei bis vier Monate reifen, damit er einen intensiven, salzigen Geschmack erhält. Die Farbe geht bei der Reifung von Weiß in Hellgelb über.

Dieser traditionelle Käse kann sowohl auf handwerkliche als auch industrielle Weise produziert werden. Ähnlich wie für Ricotta wird Milch mit Lab geimpft, bis knapp unter den Siedepunkt erhitzt und dann schnell abgekühlt.

Der gereifte Käse schmeckt am besten zu Wein, Oliven und Taralli (Seite 115), dem wunderbaren Knabbergebäck aus Kampanien.

CASATIELLO RUSTICO

Rustikales Osterbrot

Dieses als *casatiello* bekannte Gebildbrot wird traditionell zu Ostern zubereitet. Der Kranz aus Hefeteig soll die Auferstehung und den Frühlingsbeginn symbolisieren.

Vorbereitungszeit: 30 Minuten + etwa 5 Stunden Gehzeit
Kochzeit: 1 Stunde
Für 10–12 Personen

- 2 Päckchen Trockenbackhefe
- lauwarmes Wasser
- 600 g Weizenmehl
- 225 g weiches Schmalz oder weiche Butter
- Salz und Pfeffer
- 2 EL frisch geriebener Parmesan
- 200 g Neapolitaner Salami (oder eine andere pikante geräucherte Salami), gewürfelt
- 1 EL frisch geriebener Pecorino
- Olivenöl, zum Einfetten
- 6 Eier

Die Hefe mit etwas lauwarmem Wasser in einer Schale anrühren und 10–15 Minuten quellen lassen.

Das Mehl auf eine Arbeitsfläche häufen und eine Vertiefung in die Mitte drücken. 4 Esslöffel Schmalz, Hefeansatz, 1 Prise Salz und so viel Wasser hineingeben und verkneten, dass ein recht weicher Teig entsteht. Etwa 10 Minuten kräftig kneten. Zu einer Kugel formen und abgedeckt an einem warmen Ort etwa 2 Stunden gehen lassen, bis das Teigvolumen sich verdoppelt hat.

Den Teig kurz kneten und zu einem 1 cm dicken Rechteck ausziehen. Mit 2 Esslöffeln Schmalz bestreichen. Mit Pfeffer und 1 Esslöffel Parmesan bestreuen. Den Teig in der Mitte zusammenklappen, mit 1 Esslöffel Schmalz bestreichen und dem restlichen Parmesan bestreuen. Salami und Pecorino darauf verteilen. Pfeffern. Den Teig in der Mitte zusammenklappen und mit 1 Esslöffel Schmalz bestreichen. Den Vorgang wiederholen, bis nur noch 1 Esslöffel Schmalz übrig bleibt. Ein etwa brötchengroßes Teigstück abnehmen, mit dem restlichen Schmalz bestreichen. Eine Kranzform (30 cm Ø) einfetten. Den Teig zu einer dicken Rolle formen und in die Form geben. Abgedeckt 3 Stunden gehen lassen.

Den Backofen auf 180 °C vorheizen. Die Eier in regelmäßigen Abständen in den Teig drücken. Den zurückgelegten Teig zu einem 3 mm dicken Strang rollen und in 12 Stücke schneiden. Kreuzförmig über die Eier legen und andrücken. Im vorgeheizten Ofen etwa 60 Minuten goldbraun backen. Vor dem Servieren erkalten lassen.

LIMONCELLO

Limoncello, ein aromatischer Zitronenlikör aus Kampanien, wird mit der Schale der Sorrenter oder der Amalfi-Zitrone hergestellt, die als die einzigen zulässigen Sorten zur Herstellung des echten Limoncello gelten. Vor allem aber sollten die Zitronen möglichst frisch sein, sodass sogar grüne und nicht ganz sonnengelb ausgereifte Früchte verarbeitet werden.

Es gibt diverse Abwandlungen von Limoncello wie die *crema di limoncello*, ein Cremelikör mit Sahne und Milch.

Die Zitronenschale wird etwa einen Monat mit einem neutralen Sprit und Zuckersirup angesetzt. Limoncello ist in der Region so beliebt, dass viele Familien und Restaurants ihren eigenen Likör herstellen. Aber natürlich findet man ihn auch überall im Handel. Abgefüllt in dekorative Flaschen ist er für viele Italienurlauber ein beliebtes Souvenir oder Mitbringsel.

Um die Ursprünge des Likörs ranken sich diverse Geschichten, und mehrere Provinzen in und außerhalb Kampaniens beanspruchen die Urheberschaft für sich. Häufig wird erzählt, dass der Likör durch die Signora Vicenza Canale, Inhaberin der historischen *pensione* „Mariantonia", erst Berühmtheit erlangte. Nach dem Essen soll sie ihren Gästen selbst gemachten Limoncello als Digestiv angeboten haben, und während die Gäste daran nippten, versank bei Capri die rote Sonne im Meer ... Jedenfalls beanspruchen auch Sorrent und die Amalfiküste die Urheberschaft für Limoncello, ebenso wie Ligurien und Sizilien.

Limoncello ist leichter als die meisten anderen Digestivliköre und wird eiskalt in kleinen eisgekühlten Gläsern serviert. Limoncello lässt sich, damit er so kalt wie möglich ist, auch im Gefrierfach lagern, da er genügend Alkohol enthält, um nicht fest zu werden. Der Digestiv kann auch für einen Champagnercocktail verwendet werden oder mit Tonic oder Soda aufgegossen werden. Limoncello-Granita ist ein herrliches erfrischendes Dessert ebenso wie Limoncello-Plätzchen.

Seite 210–211:
Ein Anwesen in der Nähe von Ravello in den grünen Monti Lattari.

CARLO MANSI
Limunciel

SFOGLIATELLE FROLLE

Sfogliatelle gibt es in zwei Ausführungen: *riccia*, hergestellt mit einem luftig-knusprigen Blätterteig, und *frolla* mit gehaltvollem Mürbeteig. *Sfogliatelle* werden gerne zu einer Tasse Kaffee serviert.

Vorbereitungszeit: 1 Stunde
Kochzeit: 25–30 Minuten
Ergibt 12 Stück

Ricottataschen

Für den Teig

- 400 g Weizenmehl, gesiebt
- 60 g Zucker
- 1 Prise Salz
- 180 g kaltes Schmalz oder kalte Butter, gewürfelt
- 3 Eigelb
- 3 EL Wasser, plus eventuell etwas mehr

Für die Füllung

- 50 g Hartweizengrieß
- 500 ml Wasser
- 1 Prise Salz
- 200 g Ricotta aus Schafsmilch
- 150 g Zucker
- 2 Eigelb
- 1 TL Vanilleextrakt
- ¼ TL Zimtpulver
- 60 g Orangeat, fein gehackt, oder 1 TL fein abgeriebene Orangenschale
- 2 TL Orangenblütenwasser (optional)

- 1 Eiweiß
- 1 Ei (Klasse L), verquirlt
- Puderzucker

Für den Teig Mehl, Zucker, Salz und Schmalz in der Küchenmaschine verrühren. Die Eigelbe unterkneten. Das Wasser einarbeiten, bis der Teig gebunden ist. Zu einer Kugel formen und 30 Minuten ruhen lassen.

Den Backofen auf 190 °C vorheizen. Zwei Backbleche mit Backpapier belegen.

Für die Füllung Grieß, Wasser und Salz in einen Topf geben und 8 Minuten köcheln lassen. Vom Herd nehmen und etwa 10 Minuten abkühlen lassen.

Ricotta und Zucker in einer Schüssel cremig rühren. Eigelbe, Vanilleextrakt, Zimt, Orangeat oder Orangenschale und, falls verwendet, Orangenblütenwasser unterrühren. Den Grießbrei unterziehen.

Den Teig in 12 Portionen teilen und zu Kugeln formen. Auf einer bemehlten Arbeitsfläche zu 1 cm dicken Kreisen ausrollen.

Je 2 Esslöffel Ricottamasse in die Mitte auf die Teigkreise setzen. Die Ränder mit Eiweiß bestreichen, die Teigkreise zusammenklappen und am Rand andrücken. Die Oberseite mit verquirltem Ei bestreichen und auf die vorbereiteten Bleche setzen. Im vorgeheizten Ofen 15–18 Minuten goldbraun backen.

Die Ricottataschen etwas abkühlen lassen und lauwarm, mit Puderzucker bestäubt servieren.

SFOGLIATELLE

Eine *sfogliatella* ist eine halbmondförmige Teigtasche aus Kampanien (*sfogliatella* bedeutet „dünnes Blatt" oder „Schicht"). Gefüllt ist sie mit einer reichhaltigen, cremigen Mischung aus Ricotta, Grießbrei, Zucker und Eiern, die mit Orangenschale oder Orangenblütenwasser, Marzipan und Zitronat aromatisiert und manchmal auch mit einem Hauch Zimt verfeinert wird. Der Teig wird von Hand ausgezogen oder gerollt oder mit der Pastamaschine ausgerollt und dann mit Schmalz oder Butter bestrichen, was ihn sehr feinblättrig und mürbe macht. Dann wird die Teigplatte aufgerollt und in Scheiben geschnitten, die wiederum ausgerollt, gefüllt und zu Halbkreisen gefaltet werden. Beim Backen geht der Teig fächerförmig auf.

Angeblich wurden *sfogliatelle* im 17. Jahrhundert von einer Nonne im Kloster Conca di Marini, Santa Rosa in Salerno erfunden. Sie rührte eine süße Füllung aus Grießbrei, Zitronenlikör, Trockenfrüchten und Zucker zusammen, verfeinerte den Teig mit Weißwein und Schmalz und garnierte die Teigtaschen mit Eiercreme und frischen Beeren. Allerdings beansprucht auch ein Kloster in Neapel, Santa Croce di Lucca, die Urheberschaft dieses Feingebäcks.

1818 bereitete auch der Neapolitaner Konditor Pasquale Pintauro die Teigtaschen in seiner Konditorei zu, wobei er die Garnierung aus Eiercreme und Beeren wegließ und Ricotta in die Füllung gab. Zudem entwickelte er eine Variante namens *riccia*, für die er einen weichen, fast blätterteigartigen Teig verwendete. Eine einfachere Form der *sfogliatella* ist *frolla*, bei der Mürbeteig verwendet wird.

Seite 218:
Die Lage am Meer und der einfache Zugang zu frischem Fisch und Meeresfrüchten hat die regionale Küche stark beeinflusst.

Seite 219:
Bougainvillea wächst und gedeiht überall in Kampanien und taucht die Küstenlandschaft in leuchtende Farben.

Seite 222–223:
Die Amalfiküste ist eine der besten Wandergebiete Italiens. Viele heutige Wanderwege wurden bereits im Mittelalter angelegt und dienten als Transportwege zwischen den Dörfern und Siedlungen.

STRUFFOLI

Struffoli sind frittierte Teigbällchen, die häufig mit Zitrusaromen oder Wein verfeinert werden. Nachdem sie mit einer Honigglasur überzogen sind, werden sie mit Zuckermandeln, Streuseln, Zimt, kandiertem Kürbis oder anderen kandierten Früchten dekoriert – eine Aufgabe, die traditionell Kindern überlassen wird. *Struffoli* können in der Größe variieren von Murmeln bis hin zu größeren gnocchiartigen Formen. Besonders beliebt sind sie während der Weihnachtsfeiertage, wo sie häufig zu einem Kegel aufgetürmt oder wie ein Kranz geformt die Hauptattraktion auf dem Festtisch bilden.

Das Rezept stammt ursprünglich aus Griechenland, und Varianten sind auch in Umbrien und Kalabrien zu finden. Der Name kommt vermutlich vom griechischen *strongoulos*, was „gerundet" bedeutet. Andere Vermutungen gehen dahin, dass er vom italienischen Verb *strofinare*, „reiben", abgeleitet ist, weil die Eier-Mehl-Mischung verrieben, dann zu einem Strang gerollt und zu Kugeln geformt wird.

Die Herstellung dieser festlichen Süßspeise ist eine längere Angelegenheit und wird am besten in geselliger Teamarbeit durchgeführt. Für viele Italiener sind *struffoli* eine lieb gewonnene Weihnachtstradition.

STRUFFOLI

Struffoli

- 500 g Weizenmehl
- 1 TL Backpulver
- 4 EL weiche Butter oder weiches Schmalz
- 3 EL Zucker
- 1 Prise Salz
- fein abgeriebene Schale von 4½ Orangen
- 1 Eigelb
- 3 Eier
- 4 EL trockener Weißwein (optional)
- Rapsöl, zum Frittieren
- 700 g Honig
- kandierte Zitrusrüchte, in Streifen
- kandierte Kirschen, klein geschnitten
- Zucker- und Schokoladenstreusel

Vorbereitungszeit: 40 Minuten + 12 Stunden Ruhezeit
Kochzeit: 1 Stunde
Für 4–6 Personen

Das Mehl mit dem Backpulver in eine Schüssel sieben und eine Vertiefung in die Mitte drücken. Butter in Stücken, 1½ Esslöffel Zucker, Salz, Schale von ½ Orange, Eigelb und ganze Eier hineingeben und alles zu einem glatten Teig verarbeiten. Falls nötig, etwas Wein zufügen.

Den Teig in sieben Portionen teilen, flach drücken und die Stücke jeweils wie ein Buch zusammenklappen. Die Teigstücke um 90 Grad drehen und erneut zusammenklappen. Mit *nicht* bemehlten Händen die Teigstücke zu knapp fingerdicken Strängen ausrollen, dann quer in 1 cm kurze Stücke schneiden, sodass etwa 26 Teigstücke pro Strang entstehen.

Einen großen, schweren Topf zur Hälfte mit Rapsöl füllen und auf 180 °C erhitzen. Jeweils etwa 26 Teigstücke auf einen Schaumlöffel setzen und ins heiße Fett gleiten lassen. Etwa 2 Minuten goldbraun frittieren. Mit dem Schaumlöffel herausheben und auf einem mit Küchenpapier ausgelegten Teller abtropfen lassen. Darauf achten, dass das Öl zwischen den Portionen wieder auf 180 °C erhitzt wird.

Den Honig mit dem restlichen Zucker in einen Topf geben und auf niedriger Stufe erhitzen, bis der Zucker aufgelöst ist. Den Topf vom Herd nehmen und die *struffoli* hineingeben. Vorsichtig rühren, bis alle *struffoli* überzogen sind. Die restliche Orangenschale unterziehen. Die *struffoli* vorsichtig in eine Servierform geben und mit befeuchteten Händen kegelförmig aufeinandersetzen.

Mit kandierten Früchten und Streuseln garnieren und vor dem Servieren mindestens 12 Stunden ziehen lassen.

MIGLIACCIO DOLCE

Grießkuchen

- 700 ml Wasser
- 150 g Hartweizengrieß
- 1 Prise Salz
- 100 g Zucker
- 1 TL fein abgeriebene Zitronenschale
- 2 Eigelb
- 1 Ei
- 1 TL Vanilleextrakt
- 150 ml Milch auf Raumtemperatur
- Puderzucker

Das Bezeichnung *migliaccio* rührt daher, dass dieser Kuchen früher mit Hirsemehl (*miglio*) zubereitet wurde. Später wurde es durch Weizengrieß und dann Polenta ersetzt. Nach Belieben kann die Kuchenmasse mit Rosinen und klein gewürfelten kandierten Orangen und Zitronen verfeinert werden.

Vorbereitungszeit: 20 Minuten
Kochzeit: 1 Stunde 10 Minuten
Für 6–8 Personen

Den Backofen auf 180 °C erhitzen. Eine Backform (20 cm Durchmesser) einfetten und mit etwas Grieß ausstreuen.

Das Wasser in einem Topf zum Kochen bringen. Grieß und Salz unter ständigem Rühren einstreuen und 8 Minuten köcheln und eindicken lassen. Den Grießbrei in eine Schüssel umfüllen und etwa 10 Minuten unter ständigem Rühren abkühlen lassen.

Zucker und Zitronenschale unterrühren. Eigelbe und ganzes Ei einzeln einarbeiten. Vanilleextrakt und Milch unterrühren. Die Masse sollte recht weich sein.

Die Masse in die vorbereitete Form füllen und im vorgeheizten Ofen 60 Minuten backen, bis die Oberfläche des Kuchens gut gebräunt ist. (Der Kuchen hat dann eine weiche, Flan-artige Textur.) Abkühlen lassen. Vor dem Servieren mit Puderzucker bestäuben.

3

IV

AVELLINO UND BENEVENTO

AVELLINO UND BENEVENTO

Seite 224:
Eine Haustür in der Altstadt von Cusano Mutri.

Die geschichtsträchtige Provinz Benevento liegt in einer grünen Hügellandschaft. Aufgrund seiner Lage am Schnittpunkt wichtiger Verkehrswege, darunter die Via Appia, bauten die Römer die Stadt Benevento zu einem wichtigen militärischen Stützpunkt für das südliche Italien auf, das daraufhin seine erste Blüte erlebte. Und so strömen Touristen heute in die Provinz, um eine der wichtigsten Sehenswürdigkeiten Kampaniens zu bestaunen: den Arco di Traiano (Trajansbogen), einen gut erhaltenen römischen Torbogen aus dem Jahr 114 mit Reliefen, die die Regentschaft des römischen Kaisers Trajan darstellen.

Auch die langobardischen Herzöge residierten in Benevento, bevor sie ihr Zentrum weiter östlich nach Salerno verlegten, das über einen Hafen verfügte. Der Duomo di Benevento stammt aus dem 7. Jahrhundert und wurde im 13. Jahrhundert auf päpstliche Anordnung in eine romanische Kathedrale umgebaut. Die Anlage erlitt während des Zweiten Weltkriegs schwere Bombenschäden, konnte aber erfolgreich restauriert werden. Erhalten sind unter anderem die originalen prächtigen Bronzeportale.

Benevento ist reich an Sagen und Legenden und wurde auch als „Stadt der Hexen“ bekannt. Bereits in der Römerzeit fiel der alte Kult der Isis, der ägyptischen Göttin der Magie und der Totenwelt, auf fruchtbaren Boden in Benevento. Später, während der Herrschaft der Lombarden sorgte die lebhafte Vorstellungskraft der Einheimischen für die Verbreitung eines weiteren Kults, der sich auf Wotan, den germanischen Göttervater, gründete. Um einen geheiligten Walnussbaum, Noce di Benevento, fanden rituelle Handlungen im Freien statt, und der Baum wurde zum Symbol des Paganismus, ein Glaube, der trotz der schnellen Verbreitung des Christentums in ganz Italien lange praktiziert wurde. Der Baum wurde im 7. Jahrhundert gefällt. Die Legende aber besagt, dass in bestimmten Nächten sich immer

Die schroffe Berglandschaft und die grünen Täler der Provinzen Avellino und Benevento kontrastieren mit der malerischen Amalfiküste.

Eine mit traditionellen Fliesen aus der Region verzierte Bank.

noch Hexen an der Stelle, an der der Baum stand, zum Tanz zusammenfinden.

Benevento ist bekannt für seine hervorragenden Weine, von denen viele ein DOC-Siegel tragen. Statt Fisch und Meeresfrüchten wie an der Küste gibt man in dieser Provinz Fleisch, insbesondere von Schwein und Wildschwein, den Vorzug. Benevento ist berühmt für seine regionale Spezialität *torrone*, weißes Nugat mit Honig, Mandeln oder Haselnüssen und zuweilen auch Schokolade oder Zitrusfrüchten, sowie Strega, ein Likör mit einer geheimen Mischung aus 17 Kräutern und Gewürzen. Strega, was „Hexe“ bedeutet, wird oft über Früchte oder Eiscreme gegossen.

Die Provinz Avellino, nordöstlich von Neapel, war in der Antike eine wichtige Wegmarke auf der Straße von Salerno nach Benevento. Die Provinz gehörte im frühen Mittelalter erst zu Benevento, dann zu Salerno. Schließlich aber erwarb ein reicher Neapolitaner Patrizier die Feudalrechte und gab sich den Titel Prinz von Avellino. 1820 war Avellino Mittelpunkt revolutionärer Aufstände. Im Zweiten Weltkrieg war die Region schweren Bombenangriffen ausgesetzt und wurde von mehreren Erdbeben erschüttert, zuletzt 1980 und 1981. Der im Westen gelegene Vesuv mit seiner anhaltenden seismischen Aktivität sorgte für einen Ascheregen über Avellino. Daraufhin wurde ein Fonds zur Wiederherstellung und Verbesserung der Infrastruktur eingerichtet, durch den die wirtschaftliche Entwicklung gefördert werden konnte.

Avellino liegt auf einer von Bergen umgebenen Ebene und ist eine ruhige, sehr reizvolle Provinz. Urige Bergstädtchen, grüne Täler, Wasserfälle und klare Bäche dominieren die Landschaft, die am besten zu Fuß erkundet werden kann. Der Laceno-See, ein waldgesäumter Bergsee, ist ein beliebtes Ausflugs- und Urlaubsziel.

Die Landwirtschaft spielt in der Provinz Avellino keine dominierende Rolle, sieht man einmal vom Tabak-

und Haselnuss- sowie insbesondere vom Weinanbau ab. Der fruchtbare vulkanische Boden und alte Keltertechniken bringen hoch geschätzte Tropfen hervor, sodass die Eisenbahn zuweilen den Spitznamen „Ferrovia del Vino“ (Weinzug) hatte. Zu den beliebten, ausgezeichneten Rebsorten gehören Fiano, Greco und Aglianco. Eine Spezialität ist auch traditionell hergestellter Käse, insbesondere Pecorino und Ricotta, aus der Milch zweier heimischer Schafsrassen.

In der ganzen Region Kampanien stößt man auf solche Terrassen, die mit Pergolen durchzogen sind.

Bedingt durch die Entfernung zum Mittelmeer konzentriert sich die Küche Avellinos vorrangig auf Schweine- und Lammfleisch sowie in der Region wachsende Pilze. Die heimische schwarze Trüffel verfeinert selbst gemachte Pasta; *porcini*, Steinpilze, werden oft zu Tagliatelle serviert. Süße Spezialitäten sind Maronenkuchen und *spantorrone*, krümelige *torrone* mit Biskuit, die in Rum und Strega getunkt wird.

Seite 232–233:
Die Stadt Cusano Mutri liegt eingerahmt von grünen Hügeln im Tal von Titerno.

SALSA DI FUNGHI E PROSCIUTTO

Pilz-Schinken-Sauce

- 30 g getrocknete Pilze
- 200 g Prosciutto, fein gehackt
- 2 EL Marsala
- 100 g Butter
- 100 g Weizenmehl
- 1 l Milch
- Salz und Pfeffer
- 150 g Schlagsahne

Vorbereitungszeit: 30 Minuten + 30 Minuten Einweichzeit
Kochzeit: 1 Stunde 15 Minuten
Für 8 – 10 Personen

Die Pilze 30 Minuten in einem Topf mit heißem Wasser einweichen. Bei mittlerer Hitze auf den Herd setzen und die Pilze 30 Minuten weich kochen. Durch ein feines Sieb abgießen. Die Pilze fein hacken.

Die Pilze mit Prosciutto und Marsala vermengen.

Für die Béchamelsauce die Butter in einem mittleren Topf bei mittlerer Hitze zerlassen. Das Mehl unter Rühren einstreuen und 2 Minuten anschwitzen. Unter ständigem Rühren die Milch in einem dünnen Strahl zugießen. Unter Rühren zum Kochen bringen und 3–5 Minuten eindicken lassen, bis die Sauce einen Löffel überzieht. Mit Salz und Pfeffer abschmecken.

Die Pilzmischung in die Béchamelsauce geben. Die Sahne zugießen und alles pürieren, bis die gewünschte Konsistenz erreicht ist. In einen Topf füllen und bei niedriger Hitze 5 Minuten garen.

Zu Braten servieren.

WEIN

Das milde Mikroklima und die mineralreichen Vulkanböden des Apennins sind ein großer Vorteil für den Weinbau in Kampanien.

Italien ist der größte Weinproduzent der Welt, und in Kampanien, insbesondere in der Provinz Avellino, werden seit jeher einige echte Spitzenweine angebaut. Dank des milden Klimas – bedingt durch die Nähe zum Apennin, der topografisch erhöhten Lage und dem mineralreichen, fruchtbaren Vulkanboden – verfügt Avellino über ausgezeichnete, hochwertige Lagen. Zu den besten Weinen der Provinz zählen zum Beispiel der rote Taurasi – dessen Status vergleichbar mit Brunello und Barolo ist – sowie der trockene, spritzige weiße Fiano. Beide Weine besitzen eine DOCG (kontrollierte und garantierte Herkunftsbezeichnung), die als wichtigstes Prädikat bei italienischen Weinen gilt. Taurasi wird überwiegend aus der Aglianico-Traube, die viel in Süditalien angebaut wird, gekeltert und ist überall in der Region erhältlich. Bedingt durch Topografie und Bodenqualität ist der Wein sehr tanninreich und hat ein volles, rauchiges Bukett mit Schokoladenaromen. Taurasi wurde 1991 mit dem DOCG-Status ausgezeichnet und muss aus 85 Prozent Aglianico und 15 Prozent lokalen roten Trauben bestehen, wenngleich er meistens aus 100 Prozent Aglianico produziert wird. Des Weiteren muss der Wein mindestens drei Jahre gelagert werden, davon ein Jahr im Holzfass.

Der Fiano d'Avellino wird aus der weißen Fiano-Traube gekeltert, einer alten Rebsorte, die schon von den Römern und vielleicht sogar von den Griechen kultiviert wurde. Von den Römern erhielt der Wein auch den Namen *vitis apiana*, oder „von Bienen geliebte Reben", und so wird er auch heute noch häufig genannt. Jener sehr liebliche Wein war im Mittelalter sehr begehrt. Der König von Neapel war so angetan von der Süße des Weines, dass er die Rebsorte in seinen eigenen königlichen Weinbergen anbauen ließ. Die Rebsorte ist eher selten, da sie einen relativ geringen Produktionswert – geringer Ertrag, wenig Most – hat. Und trotz der steigenden Beliebtheit des

Weines achten die Winzer auf Qualität statt Quantität. Mit der alten römischen Bezeichnung *Apianum* auf dem Etikett soll auf die lange Geschichte und Tradition der Rebsorte hingewiesen werden. Weinkenner beschreiben den Wein mit zarten Aromen von Quitte, Orangenblüte, Gewürzen und Haselnuss. Der Wein muss zu 85 Prozent aus Fiano und 15 Prozent Greco oder einer anderen lokalen Traube bestehen. Er passt perfekt zu Pasta mit Muscheln und anderen Gerichten mit Fisch oder Meeresfrüchten.

Die beiden Rebsorten Fiano und Greco waren kurz vor dem Verschwinden, bis sie in der Mitte des 20. Jahrhunderts wiederentdeckt wurden.

Greco di Tufo, der meistproduzierte Weißwein aus Kampanien, wird aus der Rebsorte Greco gewonnen, von der es neben der weißen (*bianco*) auch eine rote Variante gibt (*nero*) gibt und aus der auch Schaumwein, *spumante*, produziert wird. Die Rebsorte gelangte vor über 2500 Jahren mit den Griechen nach Kampanien. „Greco"-Weine werden in verschiedensten Weinregionen Italiens ausgebaut, aber der Greco di Tufo stammt von den Weinbergen um das Städtchen Tufo und den umliegenden Dörfern in der Provinz Avellino. Das Wort *tufo* bedeutet „Tuff", eine Gesteinsart aus Vulkanasche, die den Boden von Avellino so wertvoll macht und ideale Bedingungen für den Weinbau schafft. Greco di Tufo besteht zu mindestens 85 Prozent aus Greco und entfaltet nach drei- bis vierjähriger Lagerzeit sein volles Aroma.

ZUPPA SANTÉ

Gesunde Suppe

Dieses Gericht wird in der Gegend um Solopaca traditionell am ersten Weihnachtstag serviert. In einigen Kochbüchern wird sie auch als *zuppa santé di nonna Carolina* angeführt.

Vorbereitungszeit: 45 Minuten
Kochzeit: 1 Stunde
Für 6 Personen

- 500 g Kalbshackfleisch
- 1 Ei
- 2 EL frisch geriebener Parmesan, plus etwas mehr zum Servieren
- Salz
- 3 l Hühnerbrühe
- 350 g Kartoffeln, geschält und gewürfelt
- 4 Stangen Sellerie, gewürfelt
- 4 Karotten, gewürfelt
- 1 weiße Zwiebel, gehackt
- 6 Blätter Grünkohl, fein zerteilt
- 300 g Mozzarella, gewürfelt

Das Hackfleisch mit Ei, Parmesan und 1 Prise Salz in einer Schüssel vermengen. Die Masse zu kleinen Kugeln formen.

Etwa 500 ml Brühe in einen Topf füllen und zum Kochen bringen. Die Hitze so reduzieren, dass die Brühe sanft köchelt. Die Fleischbällchen darin einige Minuten gar ziehen lassen, dann abtropfen.

Die restlichen 2,5 Liter Brühe in einem Topf zum Kochen bringen. Kartoffeln, Sellerie, Karotten und Zwiebeln darin 3–4 Minuten kochen. Den Grünkohl zufügen und weitere 3–4 Minuten garen. Den Topf vom Herd nehmen.

Fleischbällchen und Mozzarella auf sechs Suppenschalen aufteilen. Die Gemüsesuppe darübergießen. Mit Parmesan bestreut servieren.

TORTELLONI IN BRODO

Tortelloni in Brühe

- 30 Teigplatten (10 cm Seitenlänge; siehe Rezept *Ravioli Capresi*, Seite 60)
- 150 g Kochschinken, fein gehackt
- 1 großes gekochtes Hähnchenbrustfilet, fein gehackt
- 100 g frisch geriebener Parmesan, plus etwas mehr zum Servieren
- Salz und Pfeffer
- 200 g Schlagsahne
- zerlassene Butter, zum Bestreichen
- 2,5 l Hühnerbrühe

Vorbereitungszeit: 1 Stunde
Kochzeit: 40 Minuten
Für 3 – 5 Personen

Den Backofen auf 180 °C vorheizen. Eine Backform mit Butter einfetten.

Die Teigplatten in einem großen Topf Salzwasser bissfest garen. Das Wasser abgießen. Die Teigplatten unter fließend kaltem Wasser abschrecken und auf einem feuchten Küchentuch trocknen lassen.

Schinken und Hähnchenfleisch in zwei Schüsseln geben. Je die Hälfte des Parmesans zufügen. Salzen und pfeffern. So viel Sahne unterrühren, dass die Zutaten gebunden sind, die Masse aber nicht zu weich ist. Die Hähnchenmasse auf 10 Teigquadrate setzen und mit weiteren 10 Teigquadraten abdecken. Die Schinkenmischung daraufsetzen und mit den restlichen Teigquadraten bedecken. Mit einem runden Ausstecher mit gewelltem Rand runde Formen ausstechen. (Die Tortelloni können am Vortag zubereitet und im Kühlschrank aufbewahrt werden. 2 Stunden vor dem Garen herausnehmen.)

Die Tortelloni in die vorbereitete Form legen und mit zerlassener Butter bestreichen. Die Form mit Alufolie abdecken und im vorgeheizten Ofen 10 Minuten garen. Die Alufolie kurz vor Ende der Garzeit entfernen, sodass die Tortelloni leicht bräunen, dabei aber weich bleiben.

Inzwischen die Hühnerbrühe in einem Topf zum Kochen bringen.

Die Tortelloni auf Suppenteller aufteilen und die heiße Brühe darübergießen. Dazu geriebenen Parmesan reichen.

LINGUINE AL PESTO DI ZUCCHINE

Linguine mit Zucchinipesto

Vorbereitungszeit: 40 Minuten
Kochzeit: 40 Minuten
Für 6–8 Personen

- 200 ml Olivenöl
- 40 g Mandelblättchen
- Salz
- 600 g Zucchini, längs halbiert und entkernt
- 25 Minzeblätter
- 2 EL frisch gehackte Petersilie
- 60 g abgezogene Mandeln, gehackt
- 1–2 Knoblauchzehen, abgezogen und grob gehackt
- 120 g frisch geriebener Parmesan
- Pfeffer
- 600 g Linguine

3 Esslöffel Öl in einer kleinen Pfanne erhitzen. Die Mandelblättchen darin unter gelegentlichem Rühren braten, bis sie schön gebräunt sind. Beiseitestellen.

Leicht gesalzenes Wasser in einem großen Topf zum Kochen bringen. Die Zucchini darin knackig gar kochen. Aus dem Wasser schöpfen, abtropfen und abkühlen lassen. Das Kochwasser nicht wegschütten.

Die Zucchini mit Minze, Petersilie, gehackten Mandeln, Knoblauch und Parmesan in einer Küchenmaschine mixen. Bei laufendem Motor 150 ml Öl zugießen. Mit Salz und Pfeffer abschmecken.

Das Zucchini-Kochwasser erneut zum Kochen bringen und die Pasta darin bissfest garen. Abgießen und abtropfen lassen. In eine Schüssel füllen und mit dem Zucchinipesto vermengen. Mit Öl beträufeln. Mit Pfeffer abschmecken und mit den gerösteten Mandelblättchen garnieren. Sofort servieren.

ZUCCHINI

Die aus Italien stammende Zucchini ist ein Kürbisgewächs und somit auch mit Gurke und Melone verwandt. Die Früchte werden im Sommer geerntet. Junge, schlanke Zucchini sind besonders zart und fein und schmecken weniger bitter als größere Exemplare. Wenn sich noch keine Früchte ausgebildet haben, können auch die Zucchiniblüten kulinarisch verwertet werden, wenn Blütenfäden und Stempel herausgetrennt werden. Die *fiori di zucca* gelten in der kampanischen Küche als Delikatesse. Weibliche Blüten werden mit diversen Massen, beispielsweise mit Käse oder Fleisch, gefüllt und in der Regel in einem Teigmantel ausgebacken. Die etwas kleineren männlichen Blüten, die keine Früchte entwickeln, eignen sich paniert oder im Teigmantel ebenfalls zum Ausbacken.

Wenn man sie vor dem Braten oder Frittieren nicht einsalzt, um ihnen etwas Wasser zu entziehen, neigen Zucchini dazu, viel Öl aufzusaugen und schwammig statt knackig gar zu werden.

Zucchini sind ein echtes Sommergemüse und sehr vielseitig. Wegen ihres feinen, klaren Geschmacks können sie frittiert, eingelegt, gegrillt, gefüllt und gebraten werden. Sie sind eine beliebte Begleitung für Pastagerichte, zum Beispiel mit Muscheln. Zucchini lassen sich auch zu einem Pesto verarbeiten (Seite 245) und statt der klassischen roten Tomatensauce als Pastasauce verwenden.

Zucchine alle scapeche ist ein beliebtes regionales Gericht, das auf ein spanisches Gericht zurückgeht, bei dem statt traditionellem Fisch dünne Zucchinischeiben in einer säuerlichen Marinade (*escabeche*) zart eingelegt werden. Die Scheiben werden mit Minze garniert und als Antipasto serviert. Ein weiterer Klassiker ist *fritto misto*, bei dem auch Zucchinischeiben in Teig getaucht und kurz ausgebacken werden. Für *dorate e fritte* werden unter anderem auch Zucchini in Mehl und Ei gewendet und dann ausgebacken.

OLIVENÖL

Ravece-Oliven wachsen überall um Irpinia. Das daraus gewonnene Öl passt ausgezeichnet zu Meeresfrüchten, Grillfleisch, Salaten und Frischkäse.

Italien ist nach Spanien zweitgrößter europäischer Olivenölproduzent, und nirgends in Europa wird mehr Olivenöl verbraucht. Es ist unverzichtbar für die italienische Küche. Cilento, Salerno und Sorrent sind stolz auf ihr Olivenöl mit DOP-Status (geschützte Ursprungsbezeichnung). Woher genau der Olivenbaum stammt, ist unklar, doch ist er überall im Mittelmeerraum verbreitet, und das Öl wurde schon bei den alten Griechen und Römern sowohl für kulinarische als auch kosmetische Zwecke genutzt. Ähnlich wie Wein kann Olivenöl nach verschiedenen Kriterien wie Aroma, Geschmack, Farbe, Herkunft und Eignung für bestimmte Gerichte klassifiziert werden.

Irpinia in der Provinz Avellino ist bekannt für seine Oliven mit angeschlossener Olivenölproduktion; hier herrschen beste Anbaubedingungen: hochwertiger, fruchtbarer vulkanischer Boden und, aufgrund der Nähe zum Apennin, ein gemäßigteres Klima. In Irpinia wird die alte Sorte Ravece angebaut, die auch als Olivona, Curatone oder Ravaiola bekannt ist. Ravece-Oliven werden für ihre geringe Säure und ihre angenehm fruchtige Bitterkeit geschätzt. Das mehrfach ausgezeichnete leuchtend grüne Öl hat eine unverwechselbare Note nach Kräutern und Pflanzen und ist relativ lang lagerfähig.

Ravece-Oliven werden typischerweise im Oktober von Hand geerntet und kalt gepresst (und nicht erhitzt, wie es oft geschieht, um den Ertrag zu steigern). Geringe Luftfeuchtigkeit und Temperatur sind essenziell für ein gutes Öl, weshalb die Oliven in stabilen Boxen gelagert werden, zwischen denen die Luft gut zirkulieren kann.

GATTÒ DI PATATE

Kartoffelkuchen

Gattò ist die Neapolitaner Schreibweise des französischen Wortes *gâteau* (Kuchen). Im 18. und 19. Jahrhundert waren solche Kuchen sehr beliebt, die in allerlei Varianten daherkamen. Die Version mit Kartoffeln hat aber alle an Beliebtheit übertroffen.

Vorbereitungszeit: 30 Minuten
Kochzeit: 1 Stunde 30 Minuten
Für 6 Personen

- 60 g Semmelbrösel
- 1,5 kg mehlig kochende Kartoffeln
- 100 g weiche Butter
- 100 g frisch geriebener Parmesan
- 80 g geräucherter Provola-Käse, gewürfelt
- 100 g Salami, gehackt
- 1 EL frisch gehackte Petersilie
- 4 Eigelb
- Salz
- Milch
- 2 Eiweiß
- 150 g Mozzarella, in feinen Scheiben

Den Backofen auf 180 °C vorheizen. Eine Backform (32 cm x 26 cm) mit Butter einfetten und mit etwa 3 Esslöffeln Semmelbröseln ausstreuen.

Die Kartoffeln in einem großen Topf Wasser 45 Minuten sehr weich kochen. Das Wasser abgießen und die Kartoffeln so heiß wie möglich schälen. In einer Schüssel glatt zerstampfen.

2 Esslöffel Butter, Parmesan, Provola, Salami und Petersilie unterziehen. Die Eigelbe einzeln sorgfältig einarbeiten. Salzen. Wenn die Masse zu fest ist, esslöffelweise Milch einarbeiten. Die Eiweiße steif schlagen und unter die Kartoffelmasse heben.

Die Hälfte der Kartoffelmasse in die vorbereitete Form füllen und glatt streichen. Mit dem Mozzarella bedecken und die restliche Kartoffelmischung darauf verstreichen. Die Form mehrmals auf die Arbeitsfläche schlagen, damit sich die Masse gut setzt. Mit den restlichen Semmelbröseln bestreuen. Die restliche Butter in Flöckchen darauf verteilen. Im vorgeheizten Ofen 30–40 Minuten goldbraun backen. Aus dem Ofen nehmen und vor dem Servieren 10 Minuten ruhen lassen.

UOVA ALLA MONACHINA

Gefüllte Eier

Für die Béchamelsauce
- 50 g Butter
- 50 g Weizenmehl
- 250 ml Milch
- 100 g Schlagsahne
- Salz

Für die Eier
- 12 Eier
- 90 g frisch geriebener Parmesan
- Salz und Pfeffer
- 130 g Weizenmehl
- 120 g Semmelbrösel
- 300 ml Rapsöl, zum Frittieren

Vorbereitungszeit: 40 Minuten
Kochzeit: 1 Stunde 10 Minuten
Für 4–6 Personen

Für die Béchamelsauce die Butter in einem mittleren Topf bei mittlerer Hitze zerlassen. Das Mehl unter Rühren einstreuen und 2–3 Minuten hell anschwitzen. Unter ständigem Rühren Milch und Sahne in einem dünnen Strahl zugießen. Unter Rühren zum Kochen bringen und 15–20 Minuten eindicken lassen. Den Topf vom Herd nehmen. Mit Salz abschmecken.

10 Eier in einem Topf mit kaltem Wasser bedecken. Bei starker Hitze zum Kochen bringen, dann die Hitze reduzieren und die Eier 10 Minuten hart kochen. Unter fließend kaltem Wasser abschrecken und 15 Minuten in kaltem Wasser abkühlen lassen. Die Eier schälen und halbieren. Das Eigelb herauslösen und in eine Schüssel geben.

Die Eigelbe mit Béchamelsauce und Parmesan zerdrücken. Mit Salz und Pfeffer abschmecken. Zehn Eierhälften mit der Béchamelmasse füllen und mit den anderen Hälften wieder zusammensetzen.

Die restlichen beiden Eier in einer Schüssel verquirlen. Mehl und Semmelbrösel in separate Schüsseln geben. Die Eier erst im Mehl, dann im verquirlten Ei und schließlich in den Semmelbröseln wenden.

Das Rapsöl in einer Pfanne erhitzen. Die Eier darin rundum goldbraun braten. Mit einem Schaumlöffel herausheben und gründlich auf einem mit Küchenpapier belegten Teller abtropfen lassen. Auf einem Servierteller anrichten und warm servieren.

AUBERGINEN

Kampanien ist bekannt für seine langen, schlanken Auberginen, *melanzana*, die am besten im späten Frühjahr oder im Herbst schmecken. Die schwarzviolett glänzenden Früchte mit dem festen Fruchtfleisch sollten erst direkt vor dem Garen geschnitten werden. Wenn sie vorher eingesalzen und mit einem Gewicht beschwert werden, wird ihnen Wasser entzogen. Beim Erhitzen wird das schwammige Fruchtfleisch weich und cremig. Auberginen lassen sich hervorragend grillen, schmoren, braten und frittieren, wobei sie allerdings viel Fett aufsaugen.

Das älteste schriftlich festgehaltene Rezept für Auberginen mit Parmesan stammt aus einem Kochbuch aus dem Jahr 1837.

Das bekannteste Auberginengericht ist *melanzane alla parmigiana* (Seite 171). Neben Kampanien beanspruchen auch Emilia-Romagna und Sizilien die Urheberschaft dieses Gerichts, und jede Region behauptet, dass der Name etwas anderes bedeutet. Dafür werden Auberginen in Scheiben geschnitten und gesalzen, dann mit frischem Mozzarella und manchmal hart gekochten Eiern in eine Form geschichtet und mit hausgemachter Tomatensauce überzogen. Manchmal werden die Auberginenscheiben vorher auch noch paniert und gebraten. Der Auflauf wird mit Basilikum verfeinert und mit Parmesan bestreut und im Ofen überbacken. Er kann auch kalt serviert werden.

Für *cannelloni alla sorrentina* (Seite 172), Cannelloni nach Sorrenter Art, werden Teigquadrate um eine Füllung aus Auberginen, Paprika, Mozzarella und Basilikum gerollt, in einer Auflaufform mit Tomatensauce überzogen und im Ofen gebacken.

Ein überraschendes Gericht kommt von der Amalfiküste: Auberginen mit Schokolade. Diese Spezialität, *mulegnane ciucculata*, ist so ungewöhnlich, dass sie nur zu Mariä Himmelfahrt am 15. August serviert wird. Man kann sie auch beim Fest der Aubergine mit Schokolade in Maiori probieren.

PIZZA DI ORTAGGI

Vorbereitungszeit: 40 Minuten + 45 Minuten Gehzeit
Kochzeit: 1 Stunde 15 Minuten
Für 10–12 Personen

Gemüsetorte

Für den Teig

- 1 Päckchen Trockenbackhefe
- 200 ml lauwarmes Wasser
- 500 g italienisches Weizenmehl Type 00
- 1 TL Salz

Für die Füllung

- 4 EL Olivenöl
- 1 kleine Zwiebel, in feinen Streifen
- 1 Knoblauchzehe, gehackt
- Salz und Pfeffer
- ½ rote Paprika, in feinen Streifen
- ½ grüne Paprika, in feinen Streifen
- ½ gelbe Paprika, in feinen Streifen
- 3 italienische Auberginen, in 2,5 cm großen Würfeln
- 2 Zucchini, in 1 cm großen Würfeln
- 60 ml Hühner- oder Gemüsebrühe
- 1 TL Zitronensaft
- 60 g altbackenes Weißbrot ohne Rinde, in Stücken
- 1 Ei
- 4 EL frisch geriebener Pecorino oder Parmesan

Für den Teig die Hefe mit etwas lauwarmem Wasser anrühren und 10–15 Minuten quellen lassen.

Das Mehl auf eine Arbeitsfläche häufen und eine Vertiefung in die Mitte drücken. Hefeansatz und Salz hineingeben. Das restliche Wasser zufügen und alles 2–3 Minuten zu einem glatten, elastischen Teig verkneten. Gegebenenfalls noch etwas Wasser einarbeiten. Abgedeckt an einem warmen Ort 30 Minuten gehen lassen.

Inzwischen für die Füllung 3 Esslöffel Öl in einem großen Topf erhitzen. Zwiebel und Knoblauch darin etwa 5 Minuten dünsten. Salzen und pfeffern. Die Paprika zugeben und 5 Minuten garen. Auberginen und Zucchini untermischen und weitere 5 Minuten garen. Mit der Brühe ablöschen. Mit aufgesetztem Deckel bei niedriger Hitze etwa 5 Minuten dünsten, bis die Aubergine weich ist. Die Gemüsemischung 5–7 Minuten abkühlen lassen. Den Zitronensaft unterziehen und mit Salz und Pfeffer abschmecken.

Den Backofen auf 190 °C vorheizen. Eine Springform (26 cm Durchmesser) leicht mit Öl einfetten.

Brotstücke, Ei und Käse unter die Mischung heben.

Die Hälfte des Teiges ausrollen und die vorbereitete Form damit auskleiden. Die Gemüsemischung auf dem Teigboden verteilen, dabei rundum einen 2,5 cm breiten Rand lassen. Die zweite Teighälfte kreisrund ausrollen und als Deckel auf die Gemüsefüllung legen. Am Rand gut andrücken. Die Oberfläche mit dem restlichen Öl bestreichen und die Gemüsetorte im vorgeheizten Ofen 50–55 Minuten goldbraun backen. Heiß oder kalt servieren.

ROSINEN

Rosinen sind getrocknete Weinbeeren, die vor allem für Kuchen und Gebäck, aber auch für Desserts und in herzhaften Gerichten verwendet werden. Je nach Traubenrebsorte erhalten sie spezifische Namen: So sind Korinthen die getrockneten, süßen Beeren der griechischen Rebsorte Korinthiaki. Sie sind kernlos, relativ klein, schwarzblau bis schwarzbraun und haben ein säuerliches, herbes Aroma.

Weintrauben wachsen überall in der Provinz Avellino.

Sultaninen sind die goldgelben, sehr süßen getrockneten Beeren der ebenfalls kernlosen hellen Sultana-Traube. Meist wird die helle, gelbe Farbe nach dem Trocknen der Beeren durch eine Behandlung mit Schwefeldioxid konserviert, anders als bei anderen Trauben, die beim Trocknungsprozess automatisch nachdunkeln.

Die Verwendung von getrockneten Weinbeeren in herzhaften Gerichten ist vielleicht der Vorliebe der Römer für feine Süß-salzig-Kontraste zu verdanken. Die regionale Spezialität *braciole* ist ein Rinderrollbraten mit einer Füllung aus Semmelbröseln, Rosinen und Pinienkernen. Zusammen mit Pinienkernen werden Rosinen auch manchmal in Neapolitanier Fleischbällchen gegeben. Die kleinen Beeren mit ihrem süßsäuerlichen Aroma peppen die ansonsten brave Endivienfüllung für die *pizza di scarola* (Seite 261) herrlich auf. *Baccalà alla napoletana* ist ein Gericht aus gebratenem Klippfisch mit Tomaten, schwarzen Oliven, Rosinen, Pinienkernen, Kapern und Knoblauch.

PIZZA DI SCAROLA

Vorbereitungszeit: 30 Minuten + 30 Minuten Gehzeit
Kochzeit: 50 Minuten
Für 6–8 Personen

Für den Teig die Hefe mit Zucker und etwas lauwarmem Wasser anrühren und 10 Minuten quellen lassen.

Das Mehl auf eine Arbeitsfläche häufen und eine Vertiefung in die Mitte drücken. Hefeansatz, Salz und etwas Pfeffer hineingeben und alles 2–3 Minuten kneten, dabei so viel Wasser einarbeiten, dass ein glatter Teig entsteht. In eine eingefettete Schüssel geben und 20–25 Minuten an einem warmen Ort gehen lassen.

Für die Füllung Wasser in einem großen Topf zum Kochen bringen. Die Endivien portionsweise darin 2–3 Minuten blanchieren. In einer Schüssel mit kaltem Wasser abschrecken. Abtropfen lassen und ausdrücken.

Das Öl in einer Pfanne erhitzen. Die Knoblauchzehe darin anbräunen, dann aus der Pfanne nehmen. Sardellen, Kapern, Oliven, Rosinen, Pinienkerne, Chiliflocken und Endivien hineingeben und 5 Minuten garen. Mit schwarzem Pfeffer abschmecken. Abkühlen lassen.

Den Backofen auf 190 °C vorheizen. Eine Springform (26 cm Durchmesser) leicht mit Öl einfetten.

Den Teig in zwei Portionen teilen, wovon eine etwas größer als die andere sein sollte. Die größere Teigportion kreisrund ausrollen und Boden und Rand der vorbereiteten Form damit auskleiden. Die Endivienmischung mithilfe einer Küchenzange auf dem Teigboden verteilen. Die zweite Teigportion kreisrund ausrollen und als Deckel auf die Pizza setzen. Am Rand zusammendrücken. Die Oberfläche mit dem verquirlten Ei bestreichen und die Pizza im vorgeheizten Ofen 50 Minuten goldbraun backen. Heiß oder kalt servieren.

Endivienpizza

Für den Teig

- 1 Päckchen Trockenbackhefe
- 1 Prise Zucker
- lauwarmes Wasser
- 400 g italienisches Weizenmehl Type 00
- 200 g weiche Butter
- 1 Prise Salz
- Pfeffer
- Olivenöl, zum Einfetten

Für die Füllung

- 3 Endiviensalate (à etwa 500 g), geputzt und in 2,5 cm breiten Streifen
- 3 EL Olivenöl
- 1 Knoblauchzehe, abgezogen, aber im Ganzen
- 80 g Sardellenfilets, gehackt
- 50 g Kapern
- 300 g entsteinte Gaeta-Oliven
- 4 EL Rosinen
  4 EL Pinienkerne
- ¼ TL Chiliflocken
- schwarzer Pfeffer

- 1 Ei, verquirlt
- Salz

HASELNÜSSE

Haselnüsse, *nocciole*, werden in ganz Kampanien angebaut. Es sind die hocharomatischen, blassbraunen Früchte des Haselstrauchs, die unter einer harten Schale von einer samtigen braunen Haut umgeben sind. Um sie zu entfernen, werden die Nüsse geröstet und dann in einem Küchentuch gerieben.

Ein Großteil der Haselnussproduktion geht in die Herstellung von Süß- und Backwaren sowie Likören.

Bereits im 3. Jahrhundert v. Chr. schrieben Gelehrte und Dichter wie Virgil über die Haselnuss. Sie war so beliebt, dass sie sogar auf einem Fresko in Herculaneum abgebildet ist, der antiken römischen Siedlung, die durch den Ausbruch des Vesuvs im Jahr 79 zerstört wurde.

Bis vor gar nicht allzu langer Zeit wurden Haselnüsse aus Kampanien über den Hafen von Neapel exportiert, insbesondere nach Frankreich und Holland. Der Haselnusshandel war für Kampanien so wichtig, dass es bis zum Ende des 17. Jahrhunderts eigene Ämter gab, die die Nüsse vermaßen und einer Qualitätskontrolle unterzogen. Kampanien deckte einst 50 Prozent der italienischen Produktion ab. Aufgrund des ausgezeichneten fruchtbaren Vulkanbodens und des Klimas gedeihen Haselnüsse in der Region auch heute noch prächtig.

Neben Avellino rühmt sich insbesondere Salerno der Sorte *nocciola di Giffoni*, die schon von den Römern geschätzt wurde. Verkohlte Schalenreste dieser Sorte gehören zu den Exponaten im Nationalen Archäologischen Museum in Neapel. Die Sorte hat heute einen IGP-Status für eine geschützte geografische Angabe.

Seite 266–267:
Die Sonne bricht durch die Wolken und taucht die Landschaft von Benevento in mildes Licht.

Francesco Trezza
LE BONTÀ ALIMENTARI
Nocciole Crude
€ 2,00 l'etto

PASTA BASE PER LA PIZZA

Vorbereitungszeit: 15 Minuten + 35 Minuten Gehzeit
Kochzeit: 20 Minuten
Ergibt 1 große Pizza oder 2 kleine Pizzas

Pizzateig

- 1 Päckchen Trockenbackhefe
- 240 ml lauwarmes Wasser, plus eventuell etwas mehr
- 250 g italienisches Weizenmehl Type 00 oder Weizenmehl Type 550
- 1 Prise Salz
- Olivenöl, zum Einfetten

Die Hefe mit 5 Esslöffeln Mehl und lauwarmem Wasser in einer Schale zu einer Paste anrühren. Den Hefeansatz 15–20 Minuten quellen lassen.

Das restliche Mehl auf eine Arbeitsfläche häufen und eine Vertiefung in die Mitte drücken. Hefeansatz und Salz hineingeben und 2 Minuten mit dem Mehl verkneten, dabei das restliche Wasser nach und nach einarbeiten, bis ein glatter, elastischer Teig entsteht. Abgedeckt an einem warmen Ort etwa 20 Minuten gehen lassen, bis sich das Teigvolumen verdoppelt hat.

Für zwei kleine Pizzas zwei Pizzaformen (20–24 cm Durchmesser) einfetten. Den Teig halbieren und mit der Handfläche flach in die vorbereiteten Formen drücken.

Mit einem sauberen Tuch abdecken und nochmals 20 Minuten an einem warmen Ort gehen lassen.

REGISTER

Gefettete Seitenzahlen verweisen auf Abbildungen

L

M

N

O

P

R

S

T

U

V

W

Z

ZS Verlag GmbH

Die ZS Verlag GmbH ist ein Unternehmen der Edel AG, Hamburg

www.zsverlag.de

2. Auflage 2018

ZS Verlag GmbH

Kaiserstraße 14b

D-80801 München

Deutsche Erstausgabe 2017,

Edel Germany GmbH

Neumühlen 17

22763 Hamburg

Diese Ausgabe erscheint bei der ZS Verlag GmbH, Deutschland, als Lizenzausgabe von

Phaidon Press Limited

Regent's Wharf

All Saints Street, London,

N1 9PA, Großbritannien

www.phaidon.com

Dieses Buch basiert auf *Il cucchiaio d'argento La Grande Cucina Regionale Campania*, Erstausgabe von 2007, und auf *Il cucchiaio d'argento*, Erstveröffentlichung 1950, 8. Auflage (überarbeitet, erweitert und neu gestaltet 1997)

Projektkoordination der deutschen Ausgabe:
Julia Sommer

Übersetzung ins Deutsche:
Lisa Heilig, Köln

Satz & Redaktion der deutschen Ausgabe:
trans texas publishing services, Köln

Texte: Adelaide Mueller

Fotografien: Simon Bajada

Illustrationen: Beppe Giacobbe

Design: Sonya Dyakova

Der Verlag dankt Clelia d'Onofrio, Carmen Figini, Adelaide Mueller, Kate Slate, Cecilia Molinari, Luísa Martelo und lariggiola.se für ihre Beiträge in diesem Buch.

Original title: Naples and the Amalfi Coast © 2016 Phaidon Press Limited

This edition is published by Edel Germany GmbH under licence from

Phaidon Press Limited

Regents Wharf

All Saints Street

London N1 9PA, UK

© 2016 Phaidon Press Limited

Phaidon Press Inc.

65 Bleecker Street

New York, NY 10012

www.phaidon.com

© 2016 Phaidon Press Limited

Naples and the Amalfi Coast originates from *Il cucchiaio d'argento La Grande Cucina Regionale Campania*, first published in 2007, and from *Il cucchiaio d'argento*, first published in 1950, eighth edition (revised, expanded and redesigned in 1997)

Printed in China

ISBN 978-3-947426-03-4

HINWEISE ZU REZEPTEN

Es sollte stets ungesalzene Butter verwendet werden.

Kräuter sollen immer frisch gehackt werden, außer es ist anders angegeben.

Mit Pfeffer ist immer frisch gemahlener schwarzer Pfeffer gemeint.

Bei Eiern, Gemüse und Obst wird immer von mittlerer Größe ausgegangen, außer es ist besonders vermerkt.

Milch steht immer für Vollmilch.

Bei Knoblauchzehen sind große gemeint, haben Sie nur kleine, verwenden Sie zwei Zehen.

Schinken bedeutet Kochschinken, außer es ist anders angegeben.

Prosciutto steht immer für rohen, luftgetrockneten Schinken aus Norditalien, z. B. Parma oder San Daniele.

Bei Koch- und Vorbereitungszeiten handelt es sich um ungefähre Angaben, bei individuellen Herd- und Backofeneinstellungen können diese variieren. Das gilt insbesondere für Heißluftbacköfen.

Um zu prüfen, ob das Frittierfett heiß genug ist, geben Sie einen Brotwürfel hinein: Wird dieser in 30 Sekunden braun, hat das Fett eine Temperatur von 180–190 °C. Achten Sie beim Frittieren immer darauf, langärmelige Kleidung zu tragen, und fügen Sie die Zutaten vorsichtig hinzu. Lassen Sie Pfanne oder Topf nie unbeaufsichtigt.

Manche Rezepte enthalten rohe oder nicht durcherhitzte Eier. Diese Gerichte sollten von Senioren, Kindern, schwangeren Frauen, Genesenden und allen Personen mit einem geschwächten Immunsystem gemieden werden.